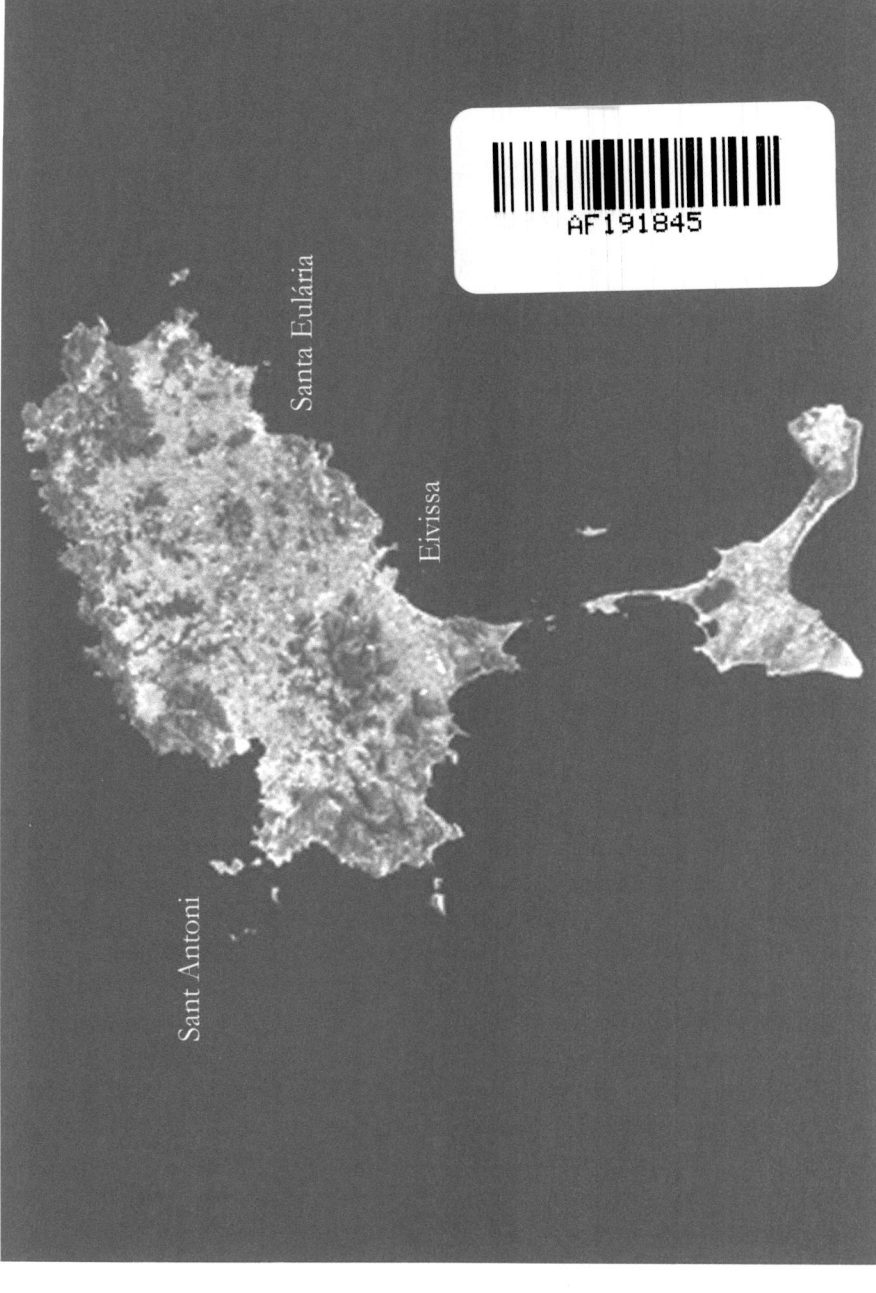

Santa Eulària

Eivissa

Sant Antoni

Zu diesem Buch

Ibiza ist die Insel der Partys und Discos, der Drogen und sexuellen Freizügigkeit, der Hippies und Happenings. So steht es in den Reiseführern. Dies ist aber weniger als die halbe Wahrheit. Ibiza (katalanisch *Eivissa*) ist nicht nur ausgeflippte Szene-Insel für Hippies und Techno-Freaks, sie hat sich mittlerweile auch unter Naturfreunden; Wanderern und Outdoor-Freaks aller Schattierungen einen Namen gemacht. Zu Recht - auch wenn über die Landschaften der Baleareninsel inzwischen eine Heerschar von Bautrupps gezogen ist und allzu viele Buchten zubetoniert wurden. Der Autor wanderte – den Biwaksack im Gepäck - um die Insel und berichtet nunmehr mit viel Humor (ganz nach Heinz Strunk [Fleisch ist mein Gemüse] „Ich weiß, dass bei meinem Humor viele nicht mitkommen") und lockerer Schreibe nicht nur über die Härten des Outdoorlebens, sondern auch über die Geschichte der ibizenkischen Landschaften und ihrer Menschen. Und da Ibiza ohne den Mythos ‚*Hippie-Insel*' kaum vorstellbar ist, geht es in dem Buch auch um die Aussteiger aus der westlichen Leistungsgesellschaft, um Muse; den Nutzen der Langsamkeit und die Frage von Richard David Precht „Wer bin ich – und wenn ja, wie viele?".

Der Autor
Guido Block-Künzler wurde 1958 im osthessischen Schlitz geboren. Bereits Anfang der 1980er entdeckte er sein Lebensthema: der Kampf gegen die Zerstörung von Landschaften durch naiven Wachstumsglauben und Profitgier. Als Ökologiereferent des AStA der JLU Gießen hat er den Widerstand gegen die ‚Startbahn 18 West' mit organisiert. Nach dem Studium arbeitete er als Rechtsanwalt und Geschäftsführer des Wissenschaftsladens in Gießen. 2004 gründete der Umweltjurist, Umweltaktivist und Umweltpublizist den Verein für nachhaltige Flächennutzung und Umweltkommunikation. Der betreibt die Website **www.landusewatch.info**. Seit 2006 ist der Autor mit seinem Biwaksack in den Bundesländern, am Mittelmeer und auf den Kanaren per Rad und zu Fuß unterwegs. Seine Reiseberichte veröffentlicht er bei BoD unter *edition block-kuenzler*. (**www.outdoor-reiseberichte.info**)

Guido Block-Künzler

Einmal Eivissa und zurück

Zu Fuß rund um Ibiza

edition block-kuenzler

CIP-Kurztitel: Block-Künzler, Guido: Einmal Eivissa und zurück –zu Fuß rund um Ibiza, 1. Auflage, BoD, 2011.

Impressum
Herstellung und Verlag: Books on Demand GmbH, Norderstedt
© Guido Block-Künzler. Alle Rechte vorbehalten.
Umschlagphoto, Bilder und Gestaltung: Guido Block-Künzler
Satellitenbild der NASA ist Gemeingut
ISBN 9783839182000

Inhalt

Eivissa
Pink Floyd trifft auf Karthago

„Parking Hippy-Market 3 Euro". Ibiza, Insel der Partys und Discos, der Drogen und sexuellen Freizügigkeit, der Hippies und Happenings – das steht in den Reiseführern: Hier, vor dem berühmtesten Hippiemarkt im Universum; hinter dem *‚Las Dalias'* in Sant Carles, kommt sie allerdings ziemlich piefig daher. So what? Parkgebührenfreiheit haben die Hippies nie gefordert. Drei alte Männer mit wettergegerbten Gesichtern, vermutlich Bauern mit magerer Rente, sitzen um einen Klapptisch, der im spärlichen Schatten eines knorrigen Olivenbaumes steht. Sie holen sich ihren mageren Anteil am Mythos *‚Hippie-Insel'*.

Die Hippies kamen in den 1960ern hier an. Einige blieben. Auch, weil die Ibizenkos das ewige Kommen und Gehen gewohnt waren und daher die Langhaarigen nicht - wie auf Sardinien - mit Steinen empfingen. In Massen floh die deutsche Jugend vor Muff und Spießigkeit im Wirtschaftswunderland, wo ihre lässige Präsenz (*‚Gammler'*) die noch nationalsozialistisch geprägte Wiederaufbaugeneration provozierte. *"Solange ich regiere, werde ich alles tun, um dieses Unwesen zu zerstören"*, versprach Bundeskanzler Ludwig Erhard im Juni 1966 und die NPD forderte in ihrem Parteiblatt, *"das ganze Problem radikal und im Sinne des gesunden Volksempfindens zu lösen"*.

Wenn das keine handfesten Argumente für ein besseres Leben in der Ferne waren! Also machte sich die Generation der heute 70jährigen auf die Suche nach spiritueller Erleuchtung und einem ursprünglichen Leben. Spätestens die *Magical-Mystery-Tour* der Beatles 1967 stimmte die Jugend ein auf Patschouli, Sitar und Shillum. Die Zahl der Beatle-Fans wurde damals auf 360 Millionen weltweit geschätzt. *"Der Beat trennte uns von den Eltern, er gab uns Identität, er gab uns Ausdrucksmittel – er machte das UNS. In aller Vereinzelung schaffte der Beat die Gemeinsamkeit, den Zusammenhang, das Wir-Gefühl derer, die die gleiche Musik liebten, die Haare lang trugen, das gleiche Feeling hatten, unter der gleichen Verachtung litten."* wird später einer von DENEN zu Protokoll geben.

Mitte der sechziger Jahre befuhren sie den legendären *Hippie Trail*. Die Ferne galt als Versprechen. Unterwegs trafen sich die Aussteiger aus der westlichen Leistungsgesellschaft im Souk von Marrakech, in

Anitas Bar in Sant Carles und den Stränden Ibizas, im Pudding-Shop Istanbuls, auf Kabuls Chickenstreet, an Goas Stränden und im legendären Katmandu Guesthouse – unter ihnen auch spätere ‚Leistungsträger'. So sollen Bill Clinton und Joschka Fischer im Pudding-Shop gesehen worden sein. Und Steve Jobs kam barfuß ins College. Er lebte als Hippie. 1976 gründete er mit Steve Wozniak Apple.

Die Veteranen der Backpacker-Szene wollten *'High sein, frei sein'* – und Spaß musste dabei sein! Oder in den Worten von Jack Kerouac (The Dharma Bums, 1958): *"…see the whole thing is a world full of rucksack wanderers, Dharma Bums refusing to subscribe to the general demand that they consume production and therefore have to work for the privilege of consuming, all that crap they didn't really want anyway such as refrigerators, TV sets, cars, …all of them imprisoned in a system of work, produce, consume, work, produce, consume, I see a vision of a great rucksack revolution thousands or even millions of young Americans wandering around with rucksacks, going up to mountains to pray, making children laugh and old men glad, making young girls happy and old girls happier, all of 'em Zen Lunatics who go about writing poems that happen to appear in their heads for no reason and also by being kind and also by strange unexpected acts keep giving visions of eternal freedom to everybody and to all living creatures."*

Das Mittel der Hippies gegen die kalte Logik der Leistungs- und Warengesellschaft war spirituelle Intensität. *"Protest und Leben der Hippies waren optimistisch, bunt, gewaltfrei, fröhlich. Ihre Ablehnung der westlichen Industriekultur total. So wurden auch Logik, Rationalität, Systematik und Zweckbestimmheit der westlichen Kultur abgelehnt, der Protest war intuitiv, gefühlsbetont, unsystematisch, hedonistisch. Nicht Analyse, nicht Marx und Marcuse waren interessant, sondern Intuition, Spontaneität, unvermittelte Theorie und Praxis, direkte Erfahrung. Kreativität, Gemeinschaft und Freunde bestimmten die Hippies, sie versuchten zu lernen, sich wieder über kleine Dinge zu freuen: Tautropfen, Sonnenstrahlen, eine Perle, Blumen, Farben – und sie veräußerlichten ihre Haltung in ihrer bunten Kleidung, in ihrem Lächeln, ihren Blumen."* schrieb später ein Soziologe.

Damals vom Mainstream geächtet, sind mache Hippierentner heute Marketingzugpferde. Reiner Langhans verhalf vor wenigen Wochen einer Sadistensendung auf RTL zu traumhaften Einschaltquoten und gab die Blaupause für den Werbespot eines Pumpsportals her. Und auf Ibiza nennen sich die Krämermärkte ‚Hippiemarket', um unter dieser Marke allerlei reichlich Überflüssiges an die Touristen zu verticken.

Ohnehin geht auf Ibiza nix ohne den Zusatz. Der Reisejournalist Frank Tophoven hat vor einiger Zeit geschrieben, Ibiza ohne Hippies sei *„wie Karl May ohne Indianer".*

Dass einige Hippies auf der Insel hängenblieben, ist sicher kein Zufall. Cees Noteboom, der sie vor dreißig Jahren besuchte, schrieb kürzlich: *„In meinem Lexikon der Symbole ist die Insel eine Welt im Kleinen, ein Abbild des Kosmos, komplett und vollkommen, ein heiliger Ort inmitten der Erregtheit der profanen Welt und als solcher ein Refugium. "*

Ein weiterer Grund: Ibiza pflegte schon in der Antike eine große kulturelle Vielfalt - deutlich mehr Multikulti als heute auf den Höhen des Hunsrücks oder den Ebenen Mecklenburg-Vorpommerns. Die Inselbewohner - vermutlich iberische Hirtenvölker, die vor viertausend Jahren hier ankamen - haben die Griechen kommen und gehen sehen, auch die Karthager, Vandalen, Mauren, Katalanen. Letztere blieben., weshalb sich die Ibizenkos bis heute mit ihnen sehr verbunden fühlen - gerade auch im Kampf um mehr Autonomierechte gegen die Zentralregierung in Madrid.

In diesem Frühjahr müssen die Inselbewohner keine weitere Okkupation befürchten. Mit mir landete gerade – auf einem Flughafen exakt so alt wie ich – ein spätberufener Naturfreundehippie, wenn auch kein *"natural born Hippie".* Die Insel, ihr Mythos und ich haben erst jetzt zueinandergefunden.

Wo zum Teufel liegt Eivissa, fragte mein Freund Wolfgang, als ich ihm von meinem Plan erzählte. *Ibes bzw. Ibosim* (phönizisch), *Ebesus* (römisch), *Yabissa* (arabisch), *Eivissa* (katalanisch), *Ibiza* (kastilianisch) – die kleine Schwester Mallorcas trug viele Namen. Sie barg noch in den 1930er Jahren die Verheißungen und Geheimnisse der *terra incognita.* Walter Benjamin schrieb 1933 in einem Brief an eine Freundin, dass Ibiza im Unterschied zu Mallorca *„eine ungleich verschlossenere und geheimnisvollere Landschaft"* habe. Jedenfalls hat sie nicht deren Weite der Landschaft. Um die zu erleben, muss man schon ziemlich hoch kraxeln – etwa auf den *sa Tailassa,* der den Südwesten der hügeligen und pinienbedeckten Insel überragt.

Reset. Nun der Reihe nach. Die Landebahn ist noch regennass. Ich wanke schlaftrunken aus dem Flugzeug. Den Betonklotz vor mir identifiziere ich mangels Alternative als Empfangsgebäude. Irgendwie schaffe ich es, als Letzter am Gepäckband zu erscheinen. Hätte ich die Nacht durchgesoffen, ginge es mir nur unbedeutend schlechter - Halbschlaf über den Wolken ist nicht wirklich erholsam. Ich irre über das Vorfeld. Das stößt auf wenig Gegenliebe beim Bodenpersonal. Ich verstoße gegen klare Betretungsregeln Harsch werde ich eingeordnet. Hippiemäßiges ‚*laissaiz faire*' ist hier nicht angesagt. Hier herrscht Ordnung.

Wenig später sitzt neben mir auf dem stillgelegten Gepäckband eine offensichtlich mindestens so erschöpfte Frau im Alter meiner Mutter. Sie hat es in ihrem gerade angesagten Wildkatzen-Look nicht darauf angelegt, in der grauen Masse unterzugehen. Ihr eher unauffälliger Begleiter – verwaschenes Polohemd mit obligatorischem Kroko - ist nicht zu beneiden. Ohne Punkt und Komma beschwert sie sich bei ihm wortreich und schier endlos über den irischen Billigflieger, der ihr zumute, einen Teil ihres Gepäcks unter ihrem voluminösen Umhang zu transportieren, weil nur ein Kabinengepäckstück erlaubt ist. Als mein Rucksack kommt, bin ich nicht unfroh, mich dem Lamento entziehen zu können. Nebenbei: in perfektem Spanisch gibt sie ihrem Hauspersonal über Handy Anweisungen. Der Tonfall ist so, dass ich nicht mit ihnen tauschen möchte. Vielleicht wünscht sich so mancher Ibizenko inzwischen die Mauren zurück.

SOS Eivissa
Ein Spaziergang auf der Autobahn

Hinter dem Flughafen beginnt die neue Autobahn nach Eivissa, genauer *Ciutat d'Eivissa*. Um diese Jahreszeit ist hier nicht viel los. Glück für mich, denn ich sehe keine andere Möglichkeit, als auf dem Randstreifen der Inselhauptstadt entgegenzugehen. Ich schalte innerlich auf Standby, gehe weiter und denke daran, dass der Journalist Harald Taglinger kürzlich schrieb: *„Ein Träumer, der beim Anblick Europas das Wort Natur ohne Scham ausspricht. Das Konzept einer unberührten, heiligen Landschaft stammt aus der Romantik und hat mit der Wirklichkeit wenig zu tun."* Recht hat er. Nur ist das keine Rechtfertigung dafür, auch den letzten Rest mit Beton und Asphalt in eine Allerweltsinsel zu verwandeln.

Jeder fünfte Einwohner war gegen den Ausbau des Flughafenzubringers zur Autobahn und der neuen Verbindung zwischen Eivissa und Sant Antoni. 20.000 Menschen gingen 2006 in Ibiza-Stadt *"gegen den Größenwahn"* auf die Straße. Es war der größte Bürgeraufstand, den die Insel je gesehen hat. *"Die Insel wird zubetoniert, vermüllt und verschandelt, selbst Naturparks sind in Gefahr!"* schrieben damals prominente Inselbewohner in einer Zeitungsanzeige - unter ihnen Roman Polanski, Tom Hanks und Zinedine Zidane: *"Ibiza, das wir so lieben, droht seinen Charme und seine Seele zu verlieren."* Auch die deutschen Inselbewohner wie der damalige Otto-Versand-Chef Michael Otto sowie die Sänger Thomas Anders und Frank Zander unterschrieben die Anzeige. Genutzt hat es nichts. Die konservative Balearenregierung der inzwischen abgewählten Partid Popular unter Jaume Matas zog ihr Vorhaben unbeirrt durch. Hunderte Finca-Besitzer wurden zwangsenteignet. Täglich stellten sich die Menschen immer wieder den Baggern entgegen. Sie klammern sich weinend an Orangen- und Feigenbäume, die von Motorsägen niedergemacht wurden. Die Bauarbeiten konnten nur unter starkem Polizeischutz erfolgen. Die Szenen glichen dem, was wir vor dem Stuttgarter Hauptbahnhof erleben durften. Ihre Funktion erfüllt die neue Autobahn eher mäßig. Nach Sonnenuntergang macht sich im Sommer regelmäßig ein riesiger Lindwurm auf zur Megadisko *Privelige* (Kapazität: 10.000) in Sant Rafael und den etwas kleineren in Sant Antoni. Das soll dann eher parken als fahren sein.

Die ganze Angelegenheit hatte im Übrigen ein Geschmäckle. Immer wieder ging es dabei um den früheren EU-Kommissar Abel Matutes. Der ehemalige Bürgermeister der Inselhauptstadt (von 1970 bis 1971 während der Franco-Diktatur) besitzt ein riesiges Firmenimperium und gilt als der ‚König von Ibiza' und seine Tochter Stella war seinerzeit in der Inselregierung für das Bauwesen zuständig. Dem Matutes-Clan wird nachgesagt, beim Autobahnbau geschäftliche Interessen verfolgt zu haben. Im Zweifel ein Fall für WikiLeaks. Fehlt nur noch der Wistleblower.

Exakt in jenem Jahr, in dem der Philosoph Walter Benjamin auf der Insel weilte, erschien in der Tageszeitung *Diario de Ibiza* ein unter Pseudonym veröffentlichter Artikel, dessen Autor schon damals den Untergang des hergebrachten Insellebens prophezeite: *„Adieu Tradition, adieu ihr Balladen, ihr wunderbaren Kleider voll von Farben und Geschichte. Vielleicht wirst du, Ibiza, wohlhabendere Tagen kennenlernen. Ich wünschte aber, du würdest dieser Invasion widerstehen und so deine Sitten und Traditionen, dein erhabenstes Erbe retten."*

Die lokalen Traditionen, so der Ökonom Joan-Carles Cirer von der *Escuela Universitaria de Turismo de Ibiza* in seiner Studie über die Geschichte des Tourismus auf Ibiza, gingen genau in jenem Moment unter, an dem die Insel auf ihre herkömmlichen Einkünfte, den Fischfang, die Salz-, Mandel- und Holzkohleproduktion, nicht mehr setzen konnte. Die Journalistin Kersten Knipp schrieb dazu im Feuilleton der FAZ: *„In den ersten Jahren nach dem Bürgerkrieg verfiel Spanien in eine wirtschaftliche Depression. Das Land und vor allem seine Mittelmeerinseln waren dringend auf Devisen aus dem Ausland angewiesen. Als die heißersehnten Besucher Ende der vierziger Jahre endlich auch in größeren Scharen eintrafen, konnten sie sich darum an den Relikten einer Realität erfreuen, die erst kurz zuvor zu Grabe getragen worden war. Eben diese Hinterlassenschaften bescherten der Insel aber jenes Image unverdorbener Ursprünglichkeit, das den Besuchern jener Zeit so teuer war. Indem die Insel ihre Vergangenheit archivierte, wurde sie zum Ort eines gewaltigen Gabentauschs: Wer kam, wollte die Hektik des kontinentalen Lebens vergessen, und sei es nur für ein paar Tage. Die aber, die den Besuchern eine Herberge boten, hatten keinen anderen Wunsch als den, die Entbehrungen des traditionellen Insellebens auf immer hinter sich zu lassen."*

In mir wächst unterdessen der Wunsch, die verdammte Autobahn für immer hinter mir zu lassen. Ich quere todesmutig die Autobahn und krieche die Böschung hinauf. Wenn ich so weitermache, brauche ich mir um mein Rückflugticket keine Sorgen mehr machen. Oben angekommen, laufe ich auf dem Seitenstreifen einer Nebenstrecke weiter.

Platja d'en Bossa
Vom Rolexstrand zum Ballermann

Die Urlaubsinsel empfängt ihre Gäste mit einem Industriegebiet. Das finde ich sehr mutig. Wenig später fällt mir in der Ferne ein riesiger weißer Touristenkäfig auf. Dort muss das Meer sein. Nix wie hin. Am Strand angekommen, gehen die Füße von alleine ins Meer. Das ist wärmer, als ich erwartet habe. Aber doch nicht so warm, dass ich mir am frühen Morgen die Klamotten vom Leib reiße und hineinspringe.
Hinter mir steht eine Strandbar, die schon bessere Tage gesehen hat. Angesichts dieser Bruchbude kann ich mir kaum vorstellen, dass der Platja d'en Bossa in den 1970er-Jahren als ‚Rolexstrand' bekannt war. Die Zeiten, als der Jetset hier wilde Parties feierte, sind längst Geschichte. Heute beherrschen ihn Discokids und Familien – jedenfalls im Sommer.

Unter dem Vordach des Restaurants am Ende des Universums – zumindest am Ende des längsten Inselstrandes - lässt es sich bei Regen gut aushalten. Da der Himmel immer noch zugezogen ist, nehme ich den Unterschlupf dankbar an.
Zunächst muss ich jedoch einen Supermarkt überfallen. Ich laufe am Platja d'en Bossa entlang, direkt auf den Hügel zu, wo D'alt Villa, die Weltkulturerbealtstadt, am Osthang klebt. Wie auf einer Perlenkette reihen sich landseitig die Bettenburgen auf, unterbrochen nur von den Baustellen künftiger Touristenkäfige. Das hier ist der Ballermann von Ibiza. Im Sommer ist hier die Hölle los. Wer bei Verstand ist, meidet dann die Gegend. Ab und zu schaue ich in die Stichstraßen hinein. Nicht ein Hotel hat Mitte März schon geöffnet, natürlich auch kein Supermarkt. Außer den Bauarbeitern und einigen wenigen Strandläufern begegne ich niemandem. Das ändert sich erst in der Inselhauptstadt. Ich versorge mich und kehre schwer beladen zurück zu meinem eigenwilligen Hotel. Dort lege ich mich unter eine der wenigen Palmen, die auf der Pinieninsel stehen und mache mir ein Bier auf. Meine Jäger- und Sammleraktion hat viel länger gedauert, als ich dachte. Inzwischen geht hinter mir die Sonne unter. Immerhin, sie hat es durch den Wolkenteppich geschafft, während ich Ibizas Wirtschaft einen klitzekleinen Schub verpasst habe. Unter dem Schattenriss der Palmwedel breitet

sich vor meinem Nachtlager die Inselhauptstadt aus. Viel Bier brauche ich nicht, um bettschwer zu werden.

Am nächsten Morgen wecken mich Möwen mit ihrem Gezeter. Habe ich auch nicht alle Tage. Später werde ich feststellen, dass sie eine kleine Felseninsel in der Bucht nebenan völlig unter Kontrolle haben. Von dort starten sie ihre Raubzüge auf das, was Touristen am Strand liegenlassen. Darin sind sie Weltklasse. Selbst das kleinste Kekskrümelchen entgeht ihren scharfen Augen nicht.

Das Wetter hat wieder umgestellt auf bleigrau. Ein kalter Wind bläst mir ins Gesicht. Lieblich ist das Mittelmeer in den Wintermonaten selten. Reiseveranstalter sehen das naturgemäß anders. Die Folge sind blaugefrorene Osterferienurlauber, die der Witterung trotzend ihr Strandurlaubprogramm gnadenlos durchziehen.

Die ersten Jogger sind bereits unterwegs, während ich meinen Becher ‚black water' (Frank Zappa) schlürfe. Einer davon fällt fast über mich. Ich grüße ihn mit einem matten „Bon dia!", er mich mit einem kräftigen „Buenos dias!". Aha. Nimmt man es hier mit der ‚Sprachnormalisierung' nicht so genau wie nebenan? Immerhin hat das Balearenparlament in Palma dafür vor nunmehr fast dreißig Jahren ein Gesetz verabschiedet, das mit Francos Unterdrückung der katalanischen Sprache Schluss machte. Das Gesetz machte wiederum mit der Orientierung der Touristen Schluss. So wurde aus San Carlos Sant Carles der Peralta und aus Ibiza Eivissa. In den folgenden fünf Wochen wird sich der erste Eindruck in Sachen Sprachnormalisierung bestätigen.

Auf Ibiza nimmt man fast alles etwas lockerer. Hype um Promis? Fehlanzeige. Weltbekannte Schönheiten gehen hier unbehelligt an einsamen Badebuchten ins Wasser - und die Strandbarbesitzerin schweigt. Nebenan auf Mallorca warten derweil die Paparazzi unter der Dusche. Wer von den Reichen und Schönen auf Ibiza Urlaub macht oder gar eine mehr oder weniger bescheidene Butze sein eigen nennt, der möchte keinen Rummel um die eigene Person – und hat ihn hier auch nur selten. Wer die Kameras liebt und zur Selbstvergewisserung braucht, der lebt gegenüber. Zum Beispiel der Milliardär und Abenteurer Sir Richard Charles Nicholas Branson (dem die halbe Nordwestseite der Nachbarinsel gehört). Und auch Michael Douglas, Claudia Schiffer und Boris Becker halten nebenan Hof. Und das ist gut so für Ibiza. Hier siedeln und urlauben eher Promis, die schlicht ihre Ruhe haben wollen. Wie etwa der nette Koblenzer Thomas Anders, der mit der Rampensau von RTL via *Modern Talking* mehr Geld eingefahren hat, als man zum ordentlichen Leben braucht, das wohl auch so sieht und daher eher wohltuend sparsam mit öffentlicher Präsenz umgeht.

Die Anwesenheit von Musikschaffenden hat auf der Insel Tradition. Carlos Santana spielte hier in winzigen Buchten mit Leuten, die heute kleine Hotels führen. Einfach, weil es Spaß machte. Es ging nicht um Weltklasse. Die Jungs von Pink Floyd haben sich hier bekifft rumgelümmelt und einige ihrer besten Lieder geschrieben. *„Dark side of the moon"* zum Beispiel. Mit bis zum Jahr 2008 über 45 Millionen verkauften Tonträger ist es bis heute das drittmeistverkaufte Album. Die Reihe könnte ich noch lange fortsetzen. Drängt sich die Frage auf: Was wäre die Popmusik ohne Ibiza? Jedenfalls um einige Songs ärmer. Vielleicht auch um einige Kapellen, die erst unter dem Einfluss der Magie dieser Insel zu großer Form aufliefen.

Strandarbeiter rücken mir auf die Pelle. Der coolste unter ihnen - erkennbar an der verspiegelten Sonnenbrille – hat gerade ein uncooles Problem. Das Stück Stechpalmwedel vor ihm ist deutlich größer als sein putziges Eimerchen, das ihm die Inselregierung zur Strandreinigung in die Hand gegeben hat. Und so schnell wächst ihm keine dritte Hand — obwohl er einen magischen Moment genau darauf zu warten scheint. Die Magie der Insel erfüllt sich nicht. Auch Ibiza hat darin nur begrenzte Ressourcen. Daher erschöpft sich seine weitere Tätigkeit darin, mit dem Palmwedel in der einen und dem Eimerchen in der anderen den Kollegen hinterherzulaufen. Auch das kostet ihn noch so viel Konzentration, dass er zum Grüßen außerstande ist.

Vielleicht brummt ihm aber auch der Kopf vom wummern der Fähre, die sich nach Formentera schiebt, wo unter vielen der Althippie und Schriftsteller Niklaus Schmid aus Duisburg überwintert. Die besonders bei Teilzeitaussteigern beliebte Insel war einst Francos Kriegsgefangenenlager. Der Spanische Bürgerkrieg 1936 hinterließ auch auf den Pityusen blutige Spuren. Mit der Aufarbeitung der Franco-Diktatur hat sich Spanien Zeit gelassen. Gut 85 Jahre nach Francos Staatsstreich sind die Schicksale der Opfer, die auf den Balearen während der Diktatur ermordet wurden oder verschollen sind, nur lückenhaft aufgeklärt. Vor drei Jahren haben über zwanzig Opferverbände dem unerschrockenen

Starrichter Baltasar Garzón einen Bericht übergeben, der Informationen über mehr als 143.000 Vermisste enthält. Daten über knapp 1.500 Personen, die auf den Balearen dem Regime zum Opfer fielen, hat der *‚Verein zu Wiedererlangung des historischen Gedächtnisses auf Mallorca'* gesammelt und übergeben, wie Walter Haubrich damals im Mallorca-Magazin berichtete. Leider ist der Ermittlungsrichter des Nationalen Gerichtshofs inzwischen suspendiert. Er wurde ausgerechnet von der rechtsextremen Falange wegen Rechtsbeugung angeklagt, weil er Massengräber öffnen lassen wollte, in denen die Faschisten Gegner verscharrt haben. Damit droht dem Ermittlungsrichter bis zu zwanzig Jahre Verbot der Berufsausübung, also das berufliche Ende. Ralf Streck schrieb dazu kurz nach der Suspendierung 2010 auf TELEPOLIS: *„Dabei ist, rein juristisch betrachtet, an dem Vorgang nichts auszusetzen. Denn nachdem aus dem geplanten Gesetz der sozialistischen Regierung zur ‚Wiederherstellung der historischen Erinnerung' ein verwässertes ‚Gesetz zur Anerkennung und Ausweitung der Rechte der Opfer des Bürgerkriegs und der Diktatur' wurde, hatte Garzón nie eine juristische Handhabe für sein Vorgehen. Deshalb müsste sich die Kritik, die Hunderte am Freitag auch auf mit einer spontanen Demonstration vor dem Gerichtshof zum Ausdruck brachten, sich eigentlich gegen die Sozialisten (PSOE) richten. Von 1982 bis 1996 an der Regierung ließen sie zunächst die Opfer des Franquismus völlig im Regen stehen. Nach dem erneuten Wahlsieg 2004 begann eine zaghafte Aufarbeitung der dunklen Jahrzehnte. Doch auf Druck der postfaschistischen Volkspartei (Anm.: auf den Balearen Partid Popular), die sich nie vom Putsch 1936 und der Diktatur distanziert hat, wurde ein ‚Opfergesetz' gemacht, dass nicht einmal die Unrechtsurteile von Schnellgerichten aufhebt. Es stellt auch die Amnestie nicht in Frage, welche sich die Faschisten im Übergang zur Demokratie gegönnt haben, es schafft nicht einmal Rechtssicherheit in Frage der Massengräber und lässt die Angehörigen der Opfer auf Kosten sitzen. "*

Die Fähre ist bereits zum dritten Mal an mir vorbeigeschippert. Höchste Zeit also, in die Hufe zu kommen. Wie bereits gestern laufe ich am Strand auf den Hügel der Altstadt zu und nehme zu meinem Verdruss erneut die Parade der Bausünden ab.

Ciutat d'Eivissa
Keimzelle des Inseltourismus

Am Platja ses Figuretes zeigen Jugendliche einem Vierbeiner ihre vermeintliche genetische Überlegenheit. Sie spielen sich einen billigen Plastikball so zu, dass der Pinscher hinterher hecheln muss, lassen ihn rankommen und kicken ihn weg, ehe er ihn hat. Das ganze wird von Jubelgeschrei begleitet und hat sadistische Züge. Im Winter ist hier eben nicht viel los. Da nimmt man jedes noch so zweifelhafte Vergnügen mit. Und mit dem Respekt vor Mitgeschöpfen haben es die Spanier ohnehin nicht so. Das Aussetzen von Hunden ist ein Volkssport im Königreich.

Am Fuß des Altstadthügels macht die Promenade eine Kehre. Restaurants reihen sich hier aneinander. Das ist kein Zufall. Der Blick geht über die ganze Bucht bis zum Punta des Corb Marí, wo der *Parc Natural de ses Salines* anfängt. Im Südwesten liegt Formentera im Dunst. Die Nachbarinsel ist zehnmal kleiner und wird von Eivissa aus verwaltet. Mit einigen unbewohnten Felseninseln und der Jetsetinsel Tagomago gehört sie zu den Pityusen.

Die Inseln der Pityusen bilden einen Teil der Autonomen Gemeinschaft *Illes* Balears - vergleichbar mit unseren Bundesländern -, die alle 150 Baleareninseln – die meisten davon nur Felsen - administrativ vereint. Sie entstanden gemeinsam vor rund 100 Millionen Jahren während der so genannten alpidischen Gebirgsbildung, die auch für viele andere mächtige Faltengebirge in Europa wie die Alpen oder das andalusische Faltengebirge verantwortlich ist. Dauerhaft bewohnt sind heute von den Pityusen nur die Inseln Eivissa und Formentera. In der größten Ausdehnung kommt Eivissa auf knapp fünfzig Kilometer - quer sind es um die zwanzig. Eivissa ist in fünf Gemeinden aufgeteilt. Ciuat d'Eivissa, Santa Eulària des Riu, Sant Joan de Labritja, Sant Antoni de Portmany und Sant Josep de sa Talaia.

In der Antike wuchsen üppige Pinienwälder auf Ibiza und Formentera. Bis heute hat sich für die Inselgruppe der Name *Pityusen* erhalten - abgeleitet vom griechischen ‚*pityussai*', die ‚*Pinienreichen*'. Auch wenn sich die Wälder durch Siedlungstätigkeit und Landwirtschaft arg gelichtet haben.

Im Nordosten kann man allerdings erahnen, wie die Insel in vortouristischer Zeit aussah. Bis auf die drei Hauptsiedlungen Ciutat d'Eivissa, Santa Eulària des Riu und Sant Antoni de Portmany ist die Insel jedoch eher locker besiedelt.

Die Einheimischen nennen ihre Stadt meist einfach *Vila* – also Stadt. Es gibt zwar noch zwei weitere auf Ibiza – aber Ciutat d'Eivissa ist nun einmal seit der Gründung vor zweitausendsechshundert Jahren durch die Karthager das Herz der Insel. Die nannten sowohl die Stadt als auch die Insel nach ihrem Gott *Bes Ebusim*. Von den Phöniziern ist noch eine groß angelegte Nekropole westlich der Altstadt *D'alt Vila* erhalten, die später auch noch von den Römern benutzt wurde. Die massiven Wehrmauern von *D'alt Vila*, die heute noch das Stadtbild von Ibiza-Stadt prägen, wurden jedoch erst von den Mauren gebaut. Die haben die Insel im 9. Jahrhundert gestürmt und danach zu Recht vermutet, dass die Iberer vom Festland sich das Beutestück zurückholen wollen. Tatsächlich hielten die Stadtmauern Jaumes Reconqista-Heer dreihundert Jahre später nicht davon ab, die Insel wieder unter die Fuchtel der römischen Kurie zu bringen.

Von den Mauren wurde die Stadt *Yabisa* genannt. Unter den aragonischen und spanischen Königen wurde die Festung ausgebaut. Später gammelte sie – militärisch unbedeutend geworden – vor sich hin. Erst in den 1990ern wurden die zum Teil schon stark verfallenen Mauern restauriert. 1999 ist die Altstadt von der UNESCO zum Weltkulturerbe erklärt worden.

Ich setze mich auf eine der vielen Bänke und genieße den Blick. Hinter mir steht ein rauchender Mann auf einem Balkon und schaut mir zu, wie ich den sanften Wellen in der Bucht zuschaue. Er sieht aus, wie ich mir einen pensionierten Fischer vorstelle: dunkelbraunes, wettergegerbtes Gesicht, die Zigarette lässig im Mundwinkel, der kahle Kopf auf einem abgetragenen Rolli sitzend. Für ihn bietet die Szene nichts Neues. Er hat den Blick jeden Tag.

Da irgendwann auch die schönste Aussicht langweilig wird, trolle ich mich Richtung Hafen. Der liegt von mir aus gesehen direkt hinter dem Altstadthügel. Die Avinguda d'Espanya führt mich direkt dorthin. Prachtstraßen sehen anders aus. Die Liebe zum spanischen Vaterland ist auf den Balearen traditionell unterentwickelt. Vielleicht war das der

Grund für die Namensgebung. Billigläden reihen sich aneinander, von der berühmten Ibiza-Mode kaum eine Spur. Die finde ich erst im Hafenviertel. Das Stammhaus des Ibiza-Stils liegt allerdings in der Altstadt. Hier baute sich der Spross einer berühmten rheinländischen Konditorei-Dynastie eine neue Existenz auf. Vor fünfunddreißig Jahren wanderte der Mönchengladbacher Armin Heinemann aus und wurde in einer Bierlaune zum Modeschöpfer. Er erfand die Ibiza-Mädchen. Schuld war eine schwere Ehe- und Identitätskrise. Sie endete mit seiner *"Flucht nach Ibiza"*. Kaum angekommen wollte ihm der Besitzer einer Boutique in der D'alt Vila das Teil verkaufen. Heinemann hatte als gelernter Architekt andere Pläne. Der Preis ist wohl mit jedem Bier gefallen, Heinemanns Interesse parallel dazu gestiegen. Aber eigentlich wollte er die Boutique im folgenden Sommer wieder teuer verkaufen. Dazu kam es nicht mehr. Er kreierte eine Modemixtur aus Edelhippiefrau, mondäner Dame und sexy Lolita: bunte Blumenkleider, knöchellange Seidenröcken, ausgefranste Shorts, durchsichtige Tuniken mit Glitzersteinchen, Rüschenblusen und knappe Hemdchen.

Am Hafen ist wenig los. Nur ein kleiner Teil der Zweimillionen Touristen kommt hier an. Die große Fähre nach Formentera ist gerade unterwegs. Hinter dem Fährhafen folgt der Sporthafen. Er ist einer von dreien auf der Insel. Im Gegensatz zu Mallorca haben sie hier nicht aus jeder Bucht eine Freizeitanlage gemacht. Gleichwohl sind die Buchten in der Hauptsaison zugeparkt. Schon im Winter lassen das die vielen Bojen ahnen. Die Natur hat dann Pause. Hinter dem *puerto deportivo* – dem Sporthafen - wachsen Baukräne in den bleigrauen Himmel. Der Blick auf Altstadt und Hafen treibt die Preise ordentlich in die Höhe.

Das Granhotel steht hier schon länger. In seiner einfallslosen Architektur passt es gut zu den Neubauten. Allerdings bietet es neben Fünfsterneluxus einen Premiumblick auf die Altstadt.

Der älteste Club der Insel steht ebenfalls hier. Im *Pacha* – einer umgebauten Finca - finden seit 1973 die Partys mit der höchsten Promidichte am Mittelmeer statt. Das *Pacha* ist längst ein Exportschlager und setzt damit mehr um als der traditionelle Salzexport. Über ein Franchise-System findet sich das signifikante Kirschenlogo von Ischgl in Tirol bis zu der Metropole New York. Auf Ibiza ist der Club mit einem Fassungsvermögen von 3000 Vergnügungssüchtigen lange nicht mehr der

Größte. Auf halben Weg nach Sant Antoni steht die gigantische Halle des *Privelige*. Hier passen mehr als dreimal so viele Besucher rein. Hinter dem *Pacha* ist ein Vogelschutzgebiet ausgewiesen. Wer hier als Vogel siedelt, muß taub sein. Umziehen kann er nur in den Naturpark Ses Salines auf der anderen Seite der Inselhauptstadt. Das war's aber schon. Reich an Feuchtgebieten ist die Insel nicht. Wasser ist Mangelware. Es wird größtenteils unter Einsatz von Öl per Umkehrosmose aus dem Mittelmeer gewonnen – damit die Duschen der Pauschaltouristen nicht trocken fallen.

In den beiden unprätentiösen Restaurants an der Cala Talamanca sitzen nur wenige Gäste in der Mittagssonne, die für wenige Momente durch die Wolkendecke bricht. Ich ziehe die Treter aus und laufe hippiemäßig entspannt durchs gemächlich anschwappende Mittelmeer, hin zur anderen Seite der kleinen Bucht, wo gerade Luxusapartments in den Pinienhain gepflanzt werden. Der Baulärm legt sich über die gesamte Bucht. Bald werden die Premiumlagen mit Altstadtblick zubetoniert sein. Dann ist Ruhe im Karton. Noch aber ist der Punta de s'Andreus im Osten der Bucht unbebaut. Zahlreiche Feuerstellen belegen die Anziehungskraft des Westhanges auf Romantiker. Der Blick geht von hier über die Altstadt bis Formentera. Selbst heute, an einem weniger klaren Tag, ist die Nachbarinsel am Horizont deutlich auszumachen. Ein guter Ort, den Sonnenuntergang zu genießen.
Auch ein Hotelbesitzer hat den Reiz der Lage erkannt. Eben noch auf verschlungenen Trampelpfaden durch unbebaute Natur ächzend, stehe ich unvermittelt vor einer riesigen Ferienanlage. Immerhin ist sie nicht ganz so hässlich wie das, was ich am Platja d'en Bossa hinter mir gelassen habe.

Wie auch auf den übrigen Balearen ist der Tourismus die Haupteinnahmequelle der Ibizenkos - auch wenn er nicht die Auswüchse wie auf Mallorca erreicht. Fast die Hälfte der Touristen kommt aus Großbritannien, gefolgt von Deutschen, Italienern, Franzosen und Niederländern. Mitte der 1930er entdeckten erstmals britische Touristen auf der Flucht vor nasskaltem Regenwetter die Insel. Durch den Spanischen Bürgerkrieg - und kurze Zeit später den Zweiten Weltkrieg - kam der Tourismus aber schnell wieder zum Erliegen. Nach Kriegsende kehrten

zwar die ersten Touristen auf die Insel zurück, aber erst in den 1970ern entdeckte der Massentourismus die Insel. Heute kommen jährlich Zweimillionen Gäste. Da ist an sich schon jede Menge Holz. Wenn man dem die hundertzwanzigtausend ständigen Bewohner – viele davon nicht auf der Insel geboren - entgegenhält, ist das einfach verrückt. Zu allem Überfluss kommen fast alle gleichzeitig, nämlich in den Sommermonaten – hauptsächlich im Juli und August. Dann platzt die Insel aus allen Nähten. Die Hotels sind ausgebucht, die Inselstraßen werden zu Parkplätzen. Kaum was geht mehr. Vor allem die Inselhauptstadt mit dem angrenzenden Platja d'en Bossa, Sant Antoni und die betonverkrustete Westküste dazwischen kommen an ihre Grenzen. Wohl dem, der dann auf einer der dreißig Fincas weit weg vom Trubel Unterschlupf gefunden hat. *Agroturismo* geht zwar das ganze Jahr über – im Sommer wird der Individualurlaub zur Überlebensfrage. Das Zimmer kostet dann allerdings oft so viel, wie eine Woche Betonkäfig mit Flug in der kurzen Nebensaison.

Hinter der Ferienanlage blockiert eine Sportanlage den Weg über die Klippen. Ihr Sinn erschließt sich mir nicht, wohl aber ist mir klar, dass sie gegen das Küstenschutzgesetz *Lay de Costas* verstößt. Danach müsste sie einen mindestens hundert Meter breiten Streifen zur Klippe hin lassen, der von Jedermann begangen werden darf. Und eigentlich stehen sogar die ersten fünfhundert Meter unter Schutz. Es wird nicht der letzte Verstoß gegen das Gesetz sein, dem auf der Insel ich begegne. Allerdings hat die Umweltministerin der Zentralregierung in Madrid begonnen, das Gesetz nach Jahrzehnten der Untätigkeit konservativer Regierungen endlich umzusetzen.

An der Cala Roja steige ich die Klippen hinunter zu einem kleinen Kiesstrand, an dem ich vor dem kalten Nordwind geschützt sein werde. Im Frühjahr steigen die Nachttemperaturen selten in den zweistelligen Bereich. Letztes Jahr bin ich mit einer dicken Schicht Raureif auf dem Biwacksack aufgewacht. Das war nicht vergnügungssteuerpflichtig. Seitdem habe ich auf den Balearen im Frühjahr Daunenjacke, Fleecehandschuhe und Skihose dabei. Wer jetzt lacht, sollte später an mich denken!

Cala Llonga
Wo Pauschaltouristen in den Kippen hängen

Am nächsten Morgen weckt mich Nieselregen. Ich spanne den Regenschirm auf und versuche, das Mistwetter auszuschlafen. Das gelingt mir zwar, doch im Halbschlaf ergreift mich die Zwangsvorstellung, ich bekäme zunächst einen Hexenschuss und sodann die Klippe nicht mehr hoch. Gebranntes Kind scheut Feuer. Nachdem ich eines schönen Morgens gutgelaunt und unter blauem Himmel meinen – allerdings nicht unbedingt federgewichtigen - Rucksack umschnallen wollte, hat es mich bei Sant Jordi auf der Nachbarinsel für zwei Tage gegroundet. Ohne die pharmazeutische Industrie wäre ich wohl nie wieder von dem schönen Strand weggekommen. Vielleicht hätten mich die vielen Strandgänger über die Jahre hin versorgt. Vermutlich wäre ich sogar eine freakige Inselberühmtheit geworden, auf die in Insiderreiseführern hingewiesen wird, zu der man pilgert, um ihr einen Glückscent in den zerzausten Hut zu werfen. Oder ich hätte mein Geld mit orakeln verdient. Hier allerdings könnte die *‚Schildkröte-auf-dem-Rücken-Nummer'* übel enden. Daher bringe ich umgehend jeden Ausrüstungsgegenstand einzeln hoch – Rückenentlastung und Konditionstraining in einem. In der Zwischenzeit hat sich die Gegend allerdings belebt. Die Angst, an einem einsamen Strand vor mich hinzurotten, war unbegründet. Wie üblich teile ich das Gelände mit Gassigehern aller Altersschichten.

Oberhalb der Klippen reichen die Mauern der Bungalows fast bis an den Klippenrand. Daher suche ich mir einen Weg, der hinter der ersten Reihe der *sea view* verläuft und mich parallel zum Meer weiter nach Nordosten bringt. Am Puig d'en Manya reihen sich die Villen aneinander. Aus allen Ecken kommt Baulärm. Hier werden die letzten Baulücken geschlossen.

Der nächste Berg ist fast doppelt so hoch. Wie so oft ist er oben mit protzigen Villen verziert, die schon aus einigen Kilometern Entfernung groß wie mittelalterliche Burgen wirken. Ein unbefestigter *camí* führt zu ihnen hoch und durch Pinienwald weiter zur nächsten Bucht. Vom höchsten Punkt des Weges schaue ich weit in Hinterland. Kurze Zeit später macht der Pinienhain den Blick auf die ersten Häuser von Roca Llisa frei. Die bewachte Retortensiedlung lobt sich selbst als einer der schönsten Plätze am Mittelmeer. Wer ohne finanzielle Interessen drauf blickt, sieht einen Berg vor blauer Mittelmeerkulisse, in dessen Pinienwald Bungalows und Apartmentanlagen getrieben worden sind, was ihm schon aus der Ferne nicht zur Zierde gereicht. Ich laufe hinunter zum Platja de s'Estanyol. Der ist menschenleer und – von dem Restaurant und den Fischerbootshütten abgesehen – unbebaut. Ich lege den Rucksack ab und erklimme die kleine Landzunge. Der Nahblick auf die Urbanisation bestätigt den Fernblick. Die meisten Häuser sind nicht ganzjährig bewohnt. Damit einige Wenige in dem Spiel „*Mein Haus, meine Yacht …*" eine gute Figur machen können, wird hier die schöne Landschaft zubetoniert. Das frisst mich an.

Ich wandele meine Wut in Fortbewegungsenergie um. Der Weg führt mich landseitig an dem Desaster vorbei und endet in einer Schlucht, die so naturbelassen ist, dass ich ohne Machete keinen Schritt mehr weiterkomme. Rückzug ist nicht mein Ding. Ich lege meinen tonnenschweren Begleiter ab und kraxle den Hang hoch, um zu schauen, ob ich oberhalb der Schlucht weiterkomme. Tatsächlich hat oben jemand für mich einen Betonpfad angelegt. Das hätte nun wirklich nicht sein müssen! Dennoch nehme ich das Angebot dankbar an. Heute scheint Bergsteigen angesagt. Nicht mehr ganz so leichtfüßig bezwinge ich den Hang – inzwischen beladen wie ein Maulesel - erneut.

Wenig später stehe ich vor einer Schranke. Die Zivilisation hat mich wieder. Der Mann vom Sicherheitsdienst der Urbanisation Roca Llisa grüßt freundlich. Offensichtlich identifiziert er mich nicht als Sicherheitsrisiko für die Schönen und Reichen, deren Butzen er hier tapfer bewacht. In meinem Rucksack ist ohnehin ganz offensichtlich kein Platz mehr für teure Kunstgegenstände, exklusive Küchenaccessoires von Alessi oder Stereoanlagen von Bang und Olufsen. Ohnehin habe ich erkennbar genug mit mir zu tun. Außerdem will ich nicht rein, sondern raus. Die bösen Buben, vor denen er die exklusiven Siedler aus dem kühlen Norden schützen soll, kommen wohl auch eher selten mit Tramperrucksäcken. Auf Mallorca kommen sie mit Umzugslastwagen, gerne auch mit einem Bagger im Schlepptau. Dann geht alles militärisch fix. Mit ordentlich Pferdestärken im Rücken ist kein Stahltor wirklich ein Hindernis. In kürzester Zeit, noch ehe der funkalarmierte Wachdienst erscheint, wechselt dann alles, was der Investmentbanker zum protzen braucht, den Besitzer. Wie die diesbezüglichen Gepflogenheiten auf Ibiza sind, habe ich nicht in Erfahrung gebracht. Allerdings ist die Kriminalitätsrate auf Ibiza und Mallorca eine der höchsten in Spanien – dank der Leute, die ihr Geld noch mit Handwerk statt mit dem Computer versehen. Mich lässt es kalt, wenn Betrüger von Dieben beklaut werden. Selbstverständlich finde ich das überhaupt nicht in Ordnung. Und nicht alle, die hier wohnen, sind oder waren Börsenspekulanten und Investmentbanker. Die meisten haben einfach nur saumäßig viel Geld verdient. Und das möchten sie gerne zeigen. *In another time*, in einer wirklich nachhaltigen Gesellschaft, hätte ihre Cleverness keinen Wert. Sie würden das neue Proletariat bilden, mit den bislang angesammelten Dukaten stände ihnen Verelendung und Gettoisierung auf hohem Niveau bevor.

Zurück im Hier und Heute frage ich den Wachmann nach dem Weg zur Cala Llonga. Viel Auswahl gibt es ohnehin nicht. Weiter rein in die bewachte Siedlung will ich nicht, also raus. Kurze Zeit später muß ich mich dann doch entscheiden. Die Abzweigung führt quer über den einzigen Golfplatz der Insel. Gegenüber gibt es an jeder Straßenecke einen. Und das, obwohl Wasser auf Mallorca knapp ist und jeder Platz so viel davon braucht wie eine Kleinstadt. Vorsichtshalber frage ich zwei Gärtnerinnen, die den Platz verhübschen, ob ich richtig bin. Sie schicken mich wieder zurück auf die Hauptstraße, auf der Ibizenkos und Residenten um die Wette fahren. Ich kann mir nicht vorstellen, das hier im Sommer überhaupt noch was geht.

Cala Llonga (gesprochen 'jonga') besticht durch seine Hotelarchitektur. Mehr gibt es hier ohnehin nicht zu sehen. Hotelbunker verhübschen beide Hänge der Bucht, die romantisch wäre, hätte man sie gelassen, wie sie war. Seit den Hippiezeiten hat man viele Anstrengungen unternommen, Buchten mit großen Hotels zu verschandeln. Restlos gelungen ist das noch lange nicht.

Im Sommer ist hier die Hölle los. Englische Pauschaltouristen lieben die Bucht. Viertausend Betten stehen für sie bereit. Im Winter ist hier tote Hose angesagt. Zufällig ist gerade Winter. Der Begriff wird hier selten streng meteorologisch verwendet – eher in dem Sinn „*Alles was nicht Sommer ist …*". Neben dem Supermarkt am Anfang der Siedlung hat nur eine Strandbar geöffnet. Dummerweise ist es die mit der Hüpfburg. Monotones Brummen und Kindergeschrei durchzieht die Bucht.

Einige wenige Erwachsene hocken unter Wärmepilzen. Reich wird der Wirt heute nicht. Der Spielplatz am Kopfende des Strandes ist besser besucht. In der Dämmerung verlassen die letzten Gäste die Bar. Die Hüpfburg brummt noch eine weitere Stunde einsam vor sich hin. Außer mir ist da ja auch niemand, den sie nerven könnte.

Der nächste Tag beginnt himmelblau. Ich krieche aus meinem Versteck, muss jedoch enttäuscht feststellen, dass noch kein Sonnenstrahl die Bucht erreicht hat. Zwischen mir und der Sonne liegt das Cap des Llibrell. An seinem höchsten Punkt kommt es auf über zweihundert Meter. Das ist einer der Gründe, weshalb die Hotelburgen am Nordhang der Bucht wie Wespennester im Hang hängen. Trotz der überschaubaren Lufttemperatur nehme ich mein erstes Ganzkörperbad für dieses Jahr. Der wolkenlose Himmel macht mich übermütig. Das Wasser ist erwartungsgemäß frisch - ich nach dem Ausflug in das Nassbiotop auch. Also wärme ich mich an einem Becher Kaffee.

Es wurmt mich, dass ich gestern diese blöde Landstraße gelaufen bin – so fern vom Meer, so laut. Um das Cap des Llibrell führt ein Weg zum Aussichtspunkt Sol d'en Serra. Der einzige Zugang zum Meer wird von einem Beach Club beansprucht. Arbeiter wuseln herum, schneiden Palmen, hämmern und fegen. Konfliktscheu wie ich es selten bin, verzichte ich auf eine verbale Auseinandersetzung – und damit auf den Strandbesuch. Frustriert laufe ich oberhalb der Klippen weiter nach Süden - also tendenziell zurück zur Inselhauptstadt. Motto: drei Schritte vor, zwei zurück. Zwischen Waldweg und Klippenrand reihen sich Villen aneinander. An dessen Ende führt ein Pfad zwischen Himmel und Meer weiter. Auf meiner Wanderkarte ist er nicht verzeichnet. Möglicherweise führt er weiter bis Roca Llisa. Doch obwohl der Pfad nicht direkt am Klippenrand verläuft, schlägt mein Herz lauter, als ich denken kann.

Auf dem Rückweg nach Cala Llonga begegnet mir eine ältere Frau in profimäßigem Wanderoutfit, einer Mischung aus dezentem Jägergrün und Khaki. Ihren Kopf ziert der unvermeidliche Topf. Khakifarben. Ihre Stöcke hat sie am Rucksack befestigt. Jägergrün ist auch der Rucksack. Im gehen nestelt sie an einer Lunchbox herum. Grußlos schreitet sie an mir vorbei. Nicht jeder, der wandert, ist offensichtlich Teil der Bruderschaft – denke ich, dass sie denkt. Soll sie doch denken, was sie denkt.

In Cala Llonga hockt der Rest der Wandergruppe. Wenn sie sich von ihrer schlechten Laune antreiben lassen, schaffen sie es heute noch locker rund um die Insel. Man spricht Deutsch. Die eine zetert über das Hotelzimmer, die andere lästert über nicht anwesende Gruppenmitglieder. Der Rest ist über das kommunikative Stadium bereits hinaus und guckt einfach nur finster. Urlaub kann entspannen, gerade dem Wanderurlaub sagt man das nach. Dummerweise nimmt sich auch hierbei jeder selbst mit. Irgendjemand sollte mal Ferien vom Ich anbieten. Würde todsicher ein Renner. Die Gruppe wird mich noch bis zum frühen Abend nerven. In Santa Eulària werden sie mich vor sich hertreiben und bis in den Supermarkt verfolgen. Die Insel ist einfach zu klein, um sich aus dem Weg zu gehen.

Zunächst jedoch muss ich ganz ohne Reisegruppe den auf meiner Karte eingezeichneten Wanderweg zur drittgrößten Stadt der Insel finden. Er soll über die Montañas Verdes führen. Ich lande jedoch in der Urbanizacio Valverde. ‚Grünes Tal‘ gibt es hier allerdings nur zum drauf schauen – vom Balkon der Bungalows aus. Es ist eine der vielen Retortensiedlungen, die in Ibizas Pinienwälder getrieben wurden. Schade, dass ich den Weg über die ‚Grünen Berge‘ nicht gefunden habe. Manche Routen sind inzwischen gekennzeichnet (‚Ruta des Falco‘). Hier kann man sich kaum verlaufen. Das ist längst nicht überall auf Ibiza so. Wanderführerautor Hans Losse, ein ehemaliger Mathelehrer aus Hamburg, erklärt warum die Beschreibung von Wanderwegen auf Ibiza Pionierarbeit ist und das Nachwandern auf eigene Faust manchmal auch: *„Ein Großteil der Wege führt über Privatgrundstücke, deren Besitzer zwar das Begehen der Wege, aber die Beschilderung nicht erlauben."* Ibiza galt lange Zeit als ausgeflippte Szene-Insel für Hippies und Techno-Freaks, hat sich mittlerweile aber auch unter Naturfreunden und Wanderern einen Namen gemacht.

Santa Eulària des Riu
Camus was here

Begleitet von seiner Frau Simone Hié, die hier auf ärztlichen Rat eine Entziehungskur machte, verbrachte Camus den Sommer 1935 in Santa Eulàlia und auf Mallorca. In seiner Autobiographie *,Carnets'* kramte er die Erinnerungen an diesen balearischen Sommer heraus. Der Philosoph hatte balearische Wurzeln. Seine Großeltern wurden auf Menorca geboren. Wegen der dort herrschenden Armut wanderten ab der ersten Hälfte des 19. Jahrhunderts zahlreiche Familien nach Algerien aus, wo Camus geboren wurde. Der Schriftsteller war zum ersten Mal auf den Balearen. Er sollte nie wieder zurückkehren. Seine klare Ablehnung der Franco-Diktatur machte das unmöglich.

In Santa Eulària des Riu angekommen, laufe ich am Strand zurück zum Fuß des Bonsaigebirges. Wenn schon nicht den Anfang, so will ich wenigstens das Ende finden. Auf dem richtigen Weg bin ich, denn plötzlich quillt die Wandergruppe aus dem Pinienhain. Ich kehre ohne nachzudenken um und laufe, als ob der Teufel hinter mir her wäre. Bei normalem Schritttempo hätten sie mich in kürzester Zeit eingeholt. Schließlich haben sie keine dreißig Kilo auf dem Buckel. Ob nun fixe Idee oder nicht: sie gehen mir auf den Senkel, strahlen meilenweit schlechte Laune aus. Allerdings profitiere ich nun von der Kraft ihrer miesen Gemütslage.

Die Stadt hat eine Promenade am Meer, eine Kirche, Betonklötze, die vorgeben, der Erholung zu dienen – und zwei richtig große Supermärkte. Es ist letzteres, was sie von den meisten Gemeinden an Ibizas Küste unterscheidet. Auch sie begann, wie viele Touristenhochburgen am Mittelmeer, als Fischerdorf. Allerdings ist sie im Sommer eher von der gemäßigten Art. Keine Megadisko, keine Partys – nur der ganz gewöhnliche Rummel. Besonders Familien und Senioren machen hier Urlaub. Am Flussufer steht sogar ein teures Wellnesshotel.

Da meine Schlappen bereits schlapp machen, suche ich eine *Ferreteria*, eine Art Baumarkt. Das ist nicht schwer. Auf Mallorca findet man sie noch in der kleinsten Gemeinde. Ich vertraue auf meine Nase und stehe sehr bald in einer Höhle, die mit allerlei Handwerkergerätschaften randvoll ist. So auch das Regal mit den Klebstoffen. Überfordert durch diese bunte Warenwelt verschiedenster Spezialkleber ringe ich mich dazu durch, meine heute noch nicht benutzten Stimmbänder aus dem Tiefschlaf zu holen. Natürlich ist der Kleber, den ich mir ausgesucht habe, in ihren Augen Mist. Das sagt sie so nicht, aber eine gewisse Überheblichkeit der Wissenden lässt sie mich schon spüren. Sie bietet mir, mit kennerischem Blick auf meinen Reifenschaden, einen Schnellkleber und einen langsamen an. Ich nehme letzteren. Auch der Kleber muss zur Reisephilosophie passen, oder? Das Zeug ist billig und hält die Treter bis zum Abflug halbwegs zusammen. Mehr hatte ich nicht erwartet.

Am Ende der Stadt liegt ein kleiner Strand. Der Wind bläst hier so arg, dass ich über den Hügel dahinter weiterziehe. Ich lande auf der Liegewiese eines noch geschlossenen Hotels. Sie endet erst an der felsigen Küste. Legal ist das nicht, weshalb hier reger Feierabendverkehr herrscht. Jogger, Spaziergänger und Gassigeher defilieren grüßend an mir vorbei. Ich rolle meinen Biwaksack aus und koche mein tägliches Risotto im Licht der Hotellampen.

Nach der Vier-Sterne-Nacht verfüge ich mich schlaftrunken vom hotelbesitzerbesetzten Uferbereich. Nach dem bereits erwähnten Küstenschutzgesetz bin ich zwar rechtlich auf der sicheren Seite, zumal ich nicht als Camper unterwegs bin. Aber ich habe berechtigte Zweifel, ob der Hausmeister das auch so sieht. Diskussionen darüber will ich lieber aus dem Weg gehen. Ich bin nicht als Krawallschachtel unterwegs. Mit Hausmeistern zu streiten führt zu nichts - außer aktuellem Verdruss für beide Seiten. Verantwortlich für diese illegale Küstenbebauung sind andere. Im vorliegenden Fall eine mächtige spanische Hotelkette, die zum Beispiel auf Lanzarote der Königsfamilie und vielen Leuten mit viel Geld standesgemäßen Unterschlupf gewährt, untätige Behörden und Reiseveranstalter, die solche Hotels immer noch buchen. Am Ende der Kette stehen die ahnungslosen Touristen, die solche Hotels buchen. Kann man alles ändern, nur nicht mit dem Hausmeister.

Ich ziehe daher vor die Tore des Hotels, ehe ich meine allmorgendliche Droge zusammenbraue. Während das Coffein langsam zu wirken beginnt, trudeln nach und nach die Handwerker ein. So ein riesiges Hotel aus dem winterlichen Dornröschenschlaf zu bringen, lässt die l Arbeitslosenquote drastisch sinken. Was hier Ende September winterfest gemacht wurde, muss nun gästefein werden. Der ganze Wahnsinn der

ibizenkischen Touristenindustrie fächert sich vor mir auf. Sie ist auf wenig mehr als drei Monate ausgerichtet. Dann wird Reibach gemacht, im Restjahr ist tote Hose. Davor und danach haben noch einige wenige schlechtbezahlte Arbeit. Sie malen, putzen, tünchen und wechseln Matratzen aus. Davor und danach sind sie arbeitslos, im besten Fall haben sie noch einige Felder, die sie bestellen können. Urlaub auf dem Bauernhof, in Spanien der strengen Regel unterworfen, dass das Haupteinkommen wirklich von der bäuerlichen Tätigkeit kommt, ist hier das ganze Jahr über möglich. Die Wertschöpfung ist besser, der Urlaubseffekt auch.

Ich laufe auf einem schmalen Grünstreifen zwischen Ufer und Apartmentanlagen weiter. Der Trampelpfad verläuft oft direkt an der Bruchkante der Küste. Dort geht es einige Meter abwärts. Mit Rucksack im Meer zu landen, das brauche ich überhaupt nicht. Der Vespafahrer, der mir entgegenkommt, ist mutiger. Vielleicht hat er Zirkusabenteuer im Blut? Ich nicht. Es folgt eine Landzunge, dahinter die üblichen winterfesten Hotelanlagen. Davor steht Mangos Beach Bar und grübelt mangels anderer Beschäftigung über ihrem falschen Genitiv. Das Fauchen meines Gaskochers wird sie dann aus dem Winterschlaf gerissen haben, wenig später dann auch die beiden Cinderellas. Sie schaffen es, sich gut eine halbe Stunde selbstvergessen mit sich und einer winzigen Digitalkamera zu beschäftigen. Auf den ersten Blick außerordentlich phantasievoll, erfinden sie immer wieder neue Posen. Möglicherweise kommen die aber aus irgendeiner Supermodelsendung. Dass von Photographierwetter keine Rede sein kann, stört sie nicht. Trübe und diffus ist das Licht unter dem inzwischen bleigrauen Himmel. Irgendwann ist das Repertoire der beiden erschöpft. Lange bin ich nicht alleine. Es folgt ein ganzer Schwarm Grazien. In eleganten Bögen gleiten sie durch die Luft. Mal ganz dicht über die Wellen, dann wieder im steilen Winkel der Sonne – die sich allerdings immer noch nicht blicken lässt – entgegen. Über das Vormittagsprogramm kann ich mich bislang nicht beschweren – zumal es gebührenfrei ist.

Irgendwann hat man allerdings auch das tollste Programm satt. Neuer Input muss her. Der ist ohne Bewegung nicht zu haben. Vor mir liegt der Strand es Niu Blau. Nördlich von Santa Eulalia wechseln sich Sandstrände wie dieser mit kleinen Badebuchten ab. Das Strandrestaurant hat geöffnet. Es ist aber nicht grade überrannt. Dahinter versperrt mir

der Torrent de Argentera den Weg. Diese Sturzbäche führen auch im Winter kaum Wasser. Es sind vielmehr die Ablaufrinnen, in denen sich das Wasser der umliegenden Hänge sammelt. Da der Regen im Winter sehr ergiebig bis unwetterartig sein kann, stürzt das Wasser durch diese Rinnen Richtung Meer. Wenige Tage später bleibt davon kaum mehr als ein Tümpel, oft abgeschnitten vom Meer. Hier und heute leider nicht. Also laufe ich landeinwärts bis zur stark befahrenen Landstraße nach es Canar. Auf beiden Seiten liegen bewirtschaftete Felder. Eine Bäuerin erntet Grünzeug, das sie auf einem Schubkarren Richtung Himmel häuft. Wider erwarten lässt sich das völlig überladene Gefährt dennoch fortbewegen. Sie kommt damit sogar heil über die Straße, auf der sich Autofahrer Rennen liefern.

Die Landstraße und ich werden keine Freunde. Ich nehme den nächsten Feldweg Richtung Strand. Vor mir schlendert ein Pärchen. Er: blond, kurze Haare, hochgewachsen und leutselig. Sie: kurz, dynamisch und zielorientiert. Das Dream-Team aus der bundesdeutschen Funktionselite hat alles und alle unter Kontrolle, kennt hier jeden und ist mit allen per Du. Ich bin froh, dass ihr Selbstvergewisserungsritual ‚*We are the Champions*‘ das Fortkommen nicht grade erleichtert und mache mich vom Acker.

Offensichtlich bin ich im romantischen Teil der Insel gelandet. Auf der nächsten Landzunge schlabbert sich ein Teeniepärchen artgerecht ab. In den Pausen kommen die Photohandys zum Einsatz. Ich habe einige Mühe, sie aus meinem Bild von der Illa de Santa Eulalia herauszuhalten. Dieses Zeug, was da in hoher Konzentration in ihren Blutbahnen zirkuliert, ist pures Gift für den Verstand. Forscher der Universität Wien haben das zumindest an Meerschweinchen bewiesen. Single-Tiere fanden in ihrer Studie deutlich schneller und effektiver im Labyrinth verstecktes Futter als Pärchen. Die seien zu sehr auf ihr lebendiges Objekt der Begierde fixiert gewesen, lautet die Erklärung der Studie. Dennoch gönne ich ihnen ihre rosarote Wolke und ziehe als einsamer Wolf weiter. Nicht lange bleibe ich alleine. Vom Punta Arabí kommt mir das nächste pubertierende Pärchen entgegen. Die Kleine kann in ihrem dünnen Fähnchen nicht so schnell zittern, wie sie friert. Ihr Lover hat auch nur ein Shirt an. Über Empfängnisverhütung werden sie heute nicht mehr nachdenken müssen. Es ist eher Auftauen angesagt.

In der nächsten Bucht fliegen coole Kitesurfer über die Brandungswellen. Ich schaue dem bunten Treiben eine Weile zu, ehe ich zum Punta Arabí weitergehe. Dessen höchster Punkt kommt auf zweiundzwanzig Meter, die Klippen sind kaum niedriger. Erneut habe ich Probleme, Karte und Realität in Einklang zu bringen. Den eingezeichneten Küstenwanderweg kann ich beim besten Willen nicht erkennen. In der Ferne sehe ich nur Villen, deren Grundstücksmauern hoch über den Klippen hart an deren Rand enden. Ich verzichte auf den Versuch, an überhängenden Klippenrändern entlang zu balancieren – das überlasse ich meinen Albträumen - und dabei zu riskieren, einem der vielen Taucher auf den Kopf zu fallen. Mangels Alternative laufe ich zurück zum Strand.

Vom Punta Arabí zur Cala Llenya
Urbanisationen vom Reißbrett

An der Strasse nach es Canar liegt der Club Punta Arabí mit dem gleichnamigen Hippie-Markt. Zu seligen Hippie-Zeiten stand hier noch Pinienwald. Ich frage mich, ob es auf der Insel auch andere Märkte gibt. Vermutlich nicht. Die Gegend hier zieht im Gegensatz zu Santa Eulària eher junge Leute an. Weiter im Norden, um den Platja des Canar, sind die Gäste – jedenfalls um diese Jahreszeit - wieder eher betagter. Für deren Bedürfnisse hat die Inselregierung kürzlich den Felsenstrand planiert und zubetoniert. Die aseptische Flaniermeile wird von einem Chromgeländer begrenzt. Weil nicht immer nur die Betonmischer das Geschäft mit der Landschaftsverschandelung alleine machen sollen? In der nächsten Bucht geht es naturbelassen weiter – wenn man von dem Hotelkomplex über der Cala Nova absieht. Der Strand besteht aus Sand, ganz so, wie sich das gehört.

Den Rest des Tages verbringe ich mit Nietzsche und Descartes - in der Coverversion von Precht - einem Baguette, einer Flasche Rioja und dem französischen Brie, den mir meine Mutter mitgegeben hat. Die Sonne – sie hat es inzwischen durch den Grauschleier geschafft - scheint mild auf mich herab, das Meer schwappt träge zu meinen Füßen und nur ganz zart wabert Techno von der Angeberlounge über die Bucht. Klampfenklänge sind auf der Insel längst elektronischer Clubmusik gewichen. Für heute habe ich mein Paradies gefunden. Wenn ‚sich entspannen' eine olympische Disziplin wäre, könnte man hier das Trainingslager errichten.

Am nächsten Morgen bläst es mich aus dem Schlafsack. Wird langsam zur Gewohnheit. Kalter Nordwind weht über die Bucht. Die Nacht war sternenklar und mindestens so romantisch wie ungemütlich. Das Echsensyndrom hat mich in seinem Würgegriff. Über dem Meer naht Rettung. Die Sonne geht auf. Nicht spektakulär, aber darauf kann ich heute verzichten. Übermütig geworden, mache ich einen Spaziergang durch die Wellen. Nach einem Becher Kaffee bin ich reif für neue Abenteuer. Und das ist gut so, denn der Tag wird Überraschungen bereithalten.

Am nördlichen Ende des Strandes beginnt ein unbefestigter Weg. Da ich den Wanderpfad meiner Karte nicht einmal erahne, nehme ich, was ich kriegen kann. Ich verzichte auf eine Querung, da der Weg nach Norden führt – dorthin, wo Cala Llenya liegt, mein nächstes Ziel. Es geht zunächst an Villen vorbei, die dicht nebeneinander im Pinienwald stehen. Später führt der *camino* durch eine spärlich bebaute Agrarlandschaft mit gackernden Hühnern, Ziegen, Mandel- und Johannesbrotbäumen. Später lande ich auf einer Teerstraße, die mich in die *Urbanització La Yoya* hineinführt – und wieder zurück zum Strand. Ein Becher Kaffee reichte heute wohl nicht, um richtig wach zu werden. Ich bin im Kreis gelaufen. Ein Klassiker, den man zu Hause nur erzählt, wenn man sich zum Klassenclown machen will. So what? Ich habe es ja nicht eilig.

Die Retortensiedlung versteckt sich im Pinienwald. Sie beginnt mit einem geschlossenen Supermarkt auf der einen, Baustellen auf der anderen Seite. Es ist Samstag. Dennoch sind sie hier am werkeln, als ob morgen die Welt unterginge, davor die Siedlung aber erst noch fertig gestellt werden müsste. Ich mache ein paar Aufnahmen, streng beobachtet von den Bauarbeitern. Mir ist nicht ganz wohl dabei, als ob ,*Salvem Ibiza'* mir auf die Stirn geschrieben stände. Vorsicht ist die Mutter der Porzellankiste, sage ich mir. *„Deutscher Naturfreundehippie von ibizenkischen Bauarbeitern erschlagen"* – auf die Schlagzeile kann ich verzichten. Ich bin nicht zum Märtyrer geboren. Im Übrigen bringt es ohnehin nichts, sich mit dem Fußvolk anzulegen. Das will auch nur gut leben, zumindest überleben. Die zu verantworten haben, was an Ibizas Küsten und in seinen herrlichen Pinienwäldern geschieht – die sitzen anderswo. Einige davon etwa mit einem Schälchen Dom Perignon in Ports Nous auf Mallorca, wo sie die nächste landschaftsverschandelnde Schweinerei aushecken. Zum Beispiel diese Apartmentanlage vor mir am gegenüberliegenden Hang. Von den Plattenbauten im Osten unserer Republik unterscheiden sich diese architektonischen Ungetüme nur durch Preis, Ort und fehlende Steinkohlepatina. Was die Gettoisierung angeht, stehen diese Ungetüme den Sozialsiedlungen in nichts nach. Nur lebt hier niemand von Stütze. Oder etwa doch. Bei Licht besehen schon. Nüchtern betrachtet ist ja das System von Steuererleichterungen und nur lau verfolgter Steuerhinterziehung auch nichts anderes als Stütze – wenn auch auf hohem Niveau. Viele Butzen von Nordeuropäern sind zudem

mit Schwarzgeld erbaut, auch in einigen geschlossenen Immobilienfonds steckt Geld, das über verschlungene Wege am Fiskus vorbeigeleitet wurde. Mir rollen sich die Nägel, Wut kriecht vom Bauch in den Kopf. Aber ich muss weiterziehen. Hier auf den Balearen, ist die entsolidarisierte mitteleuropäische Gesellschaft in Beton gegossen. Hier tobt sie sich aus. Hier setzt sie die Duftmarken, die sie vom Pöbel unterscheiden soll. Meine Finca, mein Luxusapartment, meine Jacht, meine Freunde auf den Balearen. Status gilt hier viel, gutes Leben weniger. Wobei das tendenziell eher für Malle gilt, als für Ibiza. Aber auch hier ist der Pesthauch des schönen Scheins längst angekommen.

Allen Ginsberg hat in seinem Gedicht *Howl* ('Geheul') den Götzen Geld beschrieben: *"What sphinx of cement and aluminium bashed open their skulls and ate up their brains and imagination?"* (Welche Sphinx aus Zement und Aluminium schlug ihnen die Schädel auf und fraß ihnen das Hirn und die Phantasie heraus?) fragte er. Die Antwort: *"Moloch!"* Der Moloch ist der Götze Geld. Der Star der Beat-Generation prägte 1965 anlässlich der *Anti-War-Rally* in Berkley den Heilsbegriff *Flower Power*. *„Since hippies were fond of wearing and sharing flowers, Flower Power was the hippie equivalent of the Black Power movement. An extension of the Peace and Love theme, Flower Power assumed that the power of Love would win out over violence and hate."* schreibt Skip Stone ('*Hippies from A to Z*').

Auch in den *Reden des Südseehäuptlings Tuiavii* von der fiktiven Südseeinsel Tiavea kommt der Moloch Geld nicht gut weg. *„Sprich einem Europäer vom Gott der Liebe – er verzieht sein Gesicht und lächelt über die Einfalt deines Denkens. Reich ihm aber ein blankes, rundes Stück Metall oder ein großes, schweres Papier – alsogleich leuchten seine Augen, und viel Speichel tritt auf seine Lippen. Geld ist seine Liebe, Geld ist seine Gottheit."* Das kurz nach dem Ersten Weltkrieg erschiene Buch des deutschen Malers und Schriftstellers Erich Scheurmann war bei den Hippies äußerst beliebt. Jahrzehnte später hat Gilbert Shelton – berühmt auch durch das Cover von Grateful Dead's Album *Shakedown Street* - in den *Fabulous Furry Freak Brothers* die Verachtung der Hippies für das Geld zu Papier gebracht: Die Freaks stellen fest, dass kein Geld mehr da ist. Macht nix doziert Freewheelin' Frank mit erhobenem Zeigefinger: *„Wir haben haufenweise Gras, und wie ihr wisst, bringt uns Gras besser durch geldlose Zeiten als Geld durch graslose Zeiten!"*

An der Cala Llenya ist nicht viel los. Zwei Damen schäkern mit dem Besitzer der einzigen offenen Strandbude. Vereinzelt liegen Besucher am Strand. Die gleichnamige Siedlung im Pinienwald nördlich der Bucht ist deutlich älter als *La Joya*. Die ganze Gegend wirkt geschlossen, der einzige Supermarkt weit und breit ist es definitiv. Ich steige noch zur nächsten Bucht ab, wo ein paar Jugendliche picknicken, laufe dann aber zügig zum nächsten Ort im Inselinneren, da meine Vorräte knapp sind.

Las Dalias
Musikkultur, Hippiefolklore und Tina

Sant Carles de Peralta liegt einige Kilometer im Hinterland. Als ich über den Hügel komme, kann ich nicht wirklich glauben, was ich sehe. Es sieht wie eine Touristensiedlung aus – und es ist auch eine. Dort angekommen erscheint es mir eher wie eine Retortensiedlung der undefinierbaren Art. In der kleinen Fußgängerzone gibt es Restaurants, aber auch einen Trödelladen, einen Frisör, zwei Banken – nur keinen Lebensmittelladen. Viel ist hier nicht los. Nebenan stehen Baukräne. Die Retorte soll wachsen. Auch eine große *Ferreteria* hat sich hier angesiedelt. Was fehlt, ist die Kirche. Messerscharf schließe ich aus deren Fehlen, dass dies noch nicht der Dorfkern ist und laufe weiter. Ein Trampelpfad führt an der Landstraße zum eigentlichen Ortskern des Straßendorfs. Der besteht aus wenig mehr als der weltberühmten Bar Anita, einem kleinen Supermercado – geschlossen – der Kirche, einigen wenigen Häusern – und samstäglich dem Hippiemarkt hinter dem ‚Las Dalias‘. Das wurde 1954 gebaut und war zu Anfang nur eine Bar am Straßenrand mit einer Tanzfläche. Im Laufe der Jahre kamen ein Restaurant und ein Garten, auf dem heute der Flohmarkt steht, hinzu. Jimmy Page gab mit seiner Band Led Zeppelin ebenso Konzerte wie die Velvet-Underground-Ikone Nico. Nur Scott McKenzie *(„San Francisco: Be Sure to Wear Flowers in Your Hair")* kam hier definitiv nicht vorbei. Busse karren selbst heute im Winter Touristenscharen an, die das Exotische anzieht. Es gibt viel Batik, Bhuddhas und Räucherstäbchen - Hippiefolklore eben. Rentnerinnen und Rentner – offensichtlich Festlandspanier – schieben sich heute vor mir durch das überschaubare Gewühl. In den Sommermonaten ist hier kaum ein Durchkommen mehr.

Der *Hippiemarket* gehört zum touristischen Pflichtprogramm. Die Faszination des anderen Lebensmodells scheint auch nach Jahrzehnten nicht erloschen. Der Vietnamkrieg – ein Motor der Hippiebewegung - ist zwar längst Geschichte, aber Tina begleitet weiterhin den westlichen Mittelstandsbürger von *„the graddle to the grave"*, von der Wiege bis zur Bahre. Damals wie heute sind viele von uns gefangen in der Vorstellung, es gäbe keine Alternative zum westlichen Lebensstil. Umso faszinierender, wenn andere diese Zwangsvorstellung durchbrochen haben.

Dann können wir wenigstens über den Zaun schauen. Tinas voller Name lautet „*There is no alternative*" – es gibt keine Alternative. Soziologen haben Tina nicht erfunden. Sie ist real, sitzt jeden Morgen mit uns am Frühstückstisch, ehe wir „*back to the grindstone*" gehen – in einen Büroalltag, der nur wenige wirklich befriedigt und den wir bis zur Rente aussitzen. Untersuchungen zur Arbeitszufriedenheit belegen den Befund.

„*Tina ist eine mächtige Göttin*" schrieb Iris Rasch in einem Bericht für die ZEIT über ihren Besuch des indischen Auroville, ein ansonsten unbedeutender Flecken am Golf von Bengalen, an dem in den siebziger Jahren eine handvoll Menschen versuchten „*das Leben noch einmal zu erfinden. Eine neue Stadt zu bauen, eine Gesellschaft zu gründen ohne Konkurrenzkampf, ohne Geld, ohne Egoismus, ohne Examen, ohne Strafen, ohne Autos, ohne Werbung, ohne Schlachthäuser, ohne Hurenhäuser, ohne Schulzwang, ohne Drogen, ohne Fleisch und ohne Alkohol.*" Es ist der seit Jahrzehnten erfolgreichste gelebte Gegenentwurf zu Tina, die uns verspricht, „*im Tausch gegen unsere Seele Wohlstand und Bequemlichkeit, warme Wohnzimmer, leise surrende Autos, gut geschnittene Anzüge und so weiter. Das ist, verglichen mit anderen göttlichen Leistungsprofilen, wenig, aber zum Ausgleich garantiert uns Tina jedes Jahr mehr von dem wenigen, und kaum jemand möchte sie gegen eine weniger bequeme Gottheit tauschen. Nur wenn Tina mal weghört und gerade wieder irgendwo ein paar Finanzmärkte in die Brüche gehen, ein paar Helden in Depressionen versinken oder große Bahnhöfe unter die Erde gepflügt werden, fragt sich der eine oder andere: Gibt es nicht doch irgendwo auf dieser Welt eine Alternative zu unserem verrückten westlichen Way of Life?*"

Auf Ibiza hatte man es gerne einige Nummern kleiner. Der Ibiza-Hippie wagte sich nicht an den großen Entwurf einer Gegengesellschaft. Seine Nischen hat er sich dennoch gebaut. Wie der ergraute Buchhändler vor mir, das nicht mehr ganz so junge Mädel einige Stände weiter, die Selbstgebatiktes feilbietet. Auf Ibizas Hippiemärkten ist der andere Lebensstil allerdings längst zur Marke in der Warenwelt verkommen. Die Konsumgesellschaft kenne nur ein Ziel: Glück. Das sagt einer der weltweit bekanntesten Soziologen Zygmunt Bauman. „*Glücklich ist, wer begehrt ist und der Konsum soll das Interesse an der eigenen Person steigern. Doch der Konsummarkt ist zugleich unerbittlich, er entscheidet über das Drinnen und Draußen in der Gesellschaft. Wer seinen Anforderungen nicht standhält, wird ausgestoßen.*" Mehr noch: Das Konsumdenken führe dazu, dass

die Menschen sich untereinander als Produkte wahrnehmen und behandeln.

Hippie ist nach wie vor eine Lebenseinstellung – nicht nur die Bezeichnung der Mitglieder einer Jugendbewegung, deren Mitstreiter inzwischen im Ruhestand sind. Auf den Märkten Ibizas ist davon allerdings nicht viel geblieben. Mit den bunten Batiktüchern kauft sich der Tourist eine Identität, die ihn im langweiligen Büroalltag für kurze Zeit zu einer besonderen Identität verhilft. Mit der Hippiefolklore ist er Drinnen, weil hipp und angesagt. Dennoch: es gibt Sie noch, die echten Hippies – wenn sie auch in die Jahre gekommen sind und die Bezeichnung eher nicht mehr mögen: *„Semi-etabliert und auf New Age getrimmt"* beschrieb sie der Reisejournalist Lukas Lessing, nachdem er sich auf Spurensuche nach den letzten Hippies auf Ibiza gemacht hatte.

Auf dem Parkplatz hinter der Bar sitzen die drei Alten, von denen ich am Anfang erzählt habe. Ich laufe an ihnen vorbei, auf dem Trampelpfad entlang der Landstraße, weil ich nicht glauben kann, dass es mehr an Dorf hier nicht gibt. Kurze Zeit später räume ich der Realität den ihr gebührenden Platz in meinem Bewusstsein ein und kehre um. Der kleine Supermarkt ist noch immer geschlossen. Daher beschließe ich, zurück nach es Canar zu laufen. Die Gegend ist, wie das gesamte Inselinnere, agrarisch geprägt. Selbst die Hanglagen werden genutzt, seit die Mauren den Anbau auf Terrassen eingeführt haben.

Hundert Jahre, nachdem der Sohn einer verarmten Kaufmannsfamilie aus dem Stamm der *Kuraisch* auf dem Berg Hira Visionen hatte, gingen die Mauren auf Ibiza an Land. Und das kam so: Im sechsten Jahrhundert nach Christus hatten die halbnomadischen Stämme der Wüsten Arabiens weder eine gemeinsame Sprache noch Religion. Das änderte sich, als der Erzengel Gabriel Mohamed – so die Vision - den Auftrag gab, die Welt in einem Glauben zu vereinen. Die Araber sollten ihren Götzen abschwören und sich diesem einen Gott unterwerfen. Unter seiner Führung gingen die ersten bekehrten Stämme daran, benachbarte Länder zu erobern. Seine Nachfolger rissen sich die Reste des zusammengebrochenen Römischen Reiches unter den Nagel und vertrieben die byzantinischen Soldaten aus Palästina, Syrien, Mesopotamien und Kleinasien. Andere Heere marschierten längs der nordafrikanischen

Küste nach Westen. Gegen Ende des 7. Jahrhunderts beherrschte der Islam bereits die gesamte Ost- und Südküste des Mittelmeerraumes: von Syrien bis Marokko. 711 nach Christi Geburt setzte ein Berberheer unter der Führung von *Tāriq ibn Ziyād*, einem ehemaligen Sklaven, der zum Statthalter von Tanger aufgestiegen war, nach Gibraltar über. Dort vertrieben sie die von den Bewohnern ungeliebten Westgoten unter ihrem König Roderich und nahmen auch Ibiza ein. Ihnen folgten Siedler, die die Fertigkeiten und die Gelehrsamkeit der gesamten arabischen Welt mitbrachten. Auch ihre feinsinnigen Aristokraten wie den in Damaskus geborenen Abd ar-Rahman I., der erster Emir von Córdoba wurde: „*Fern im Westen, fern vom Palmenland / Pflanzte ich mir einen Palmenbaum. / Weit entfernt vom heimatlichen Strand / Leben wir in einem neuen Raum. / 0 Palmenbaum. du bist verwaist wie ich / In einem Lande, da du fern von deinesgleichen / Du weinst, und deine Blätter rauschen sich / Die Klagen zu, die mein Gemüt erweichen.*"(um 780).

Die spanische Halbinsel und Ibiza blühten auf. Die Araber brachten eine den Europäern fremde Einstellung zur Natur mit. Aus der Wüste kommend, waren sie in Bewässerungstechniken bewandert und beteten alles Grün an. Sie züchteten und pflegten Pflanzen mit einem Eifer, der den Europäern fremd war. Sie pflanzten Bäume aus China, die köstliche Früchte trugen: Orangen, Zitronen und Pfirsiche. Und natürlich die Dattelpalmen, die den islamischen Eroberern als erste Pflanze und wichtiges Grundnahrungsmittel in die neuen Länder gefolgt war. Die islamischen Eroberer kultivierten auch exotisches Gemüse außer den seit alters her bekannten Gemüse- und Getreidesorten und Oliven, Feigen und Weinreben wurden in den *Huertas* (Nutzgärten) und *Vegas* (Fruchtebenen) nun neue Pflanzen aus dem Orient: Karotten aus Afghanistan, Spinat aus Persien Auberginen aus Indien sowie Zuckerrohr, Reis, Spinat und sogar Spargel aus Afrika.

Die Mauren bauten nicht nur die Pinienhänge der Insel sondern auch ihre Gesellschaft um. Sie enteigneten Adel und Kirche. Das Land verteilten sie zur Bestellung unter sich – je nach militärischem Verdienst. Aber auch die ibizenkischen Hungerleider – leibeigene Bauern und Sklaven - kamen nicht zu kurz. So entstand bäuerlicher Klein- und Mittelbesitz. Dafür einen Teil der Ernte an die neue Araber-Aristokratie abführen.

In den fünfhundert Jahren bis zur Reconquista brachten die Mauren Frieden, Kultur und wirtschaftlichen Aufschwung auf die Insel. 1235 war Schluss mit lustig. Dafür sorgte *Jaume I. el Conqueridor* – oder etwas schlichter: Jakob der Erste. Dem König von Aragón - einem spanischen Reich mit der Hauptstadt Barcelona – war es ein Dorn im Auge, das die Balearen in der Hand der Ungläubigen waren. Das war insofern bemerkenswert, als die Mauren genau das über ihn dachten und gerne die Peninsula zurückerobert hätten, wären sie dazu militärisch in der Lage gewesen. Der Herrscher von Aragón war - nebenbei gesagt – sicher nicht so selbstlos, wie er erscheinen wollte. Nachdem er auf Mallorca ein Blutbad angerichtet und die Insel zwischen sich, seinen Getreuen und der katholischen Kirche aufgeteilt hatte, riss er sich auch noch Ibiza unter den Nagel. Fast alle maurischen Hinterlassenschaften wurden zerstört, Ortsnamen umbenannt, die Bewohner re-christianisiert. Sicherheitshalber wurden sogar die Siedlungen umbenannt. Sie erhielten Namen christlicher Heiliger. *„Iberien erholte sich nie wieder von dem Schlag gegen seine Kultur. Das Ende von al-Andalus markierte den Beginn von Paranoia und Verfolgung ... Im Lauf der Zeit betrachtete das Christentum jede Errungenschaft, die auch nur entfernt an al-Andalus erinnerte, als tödliche Bedrohung."* schreiben der Weltenbummler Ilia Trojanow und der Kulturkritiker Ranjit Hoskoté in ihrer großartigen Streitschrift gegen falsche Feindbilder. In *‚Kampfabsage – Kulturen bekämpfen sich nicht, sie fließen zusammen'* zeigen sie, dass der Ursprung der wichtigsten westlichen Werte im Mittelmeerraum des 9. bis 15. Jahrhunderts zu finden ist. Dies vor allem im muslimischen Herrschaftsgebiet al-Andalus, wo sich christliche, islamische und jüdische Traditionen in einer lebendigen Streitkultur vermischten.

Die religiösen Eiferer machten auf Ibiza alles platt, was maurischen Ursprungs war. Geblieben sind daher nur einige Terrassen - wie die vor mir. Oft sind sie verwildert. In den Tälern der Insel wird jedoch bis heute Landwirtschaft betrieben – allerdings nicht mehr mit der Leidenschaft der Mauren. Das Angebot reduziert sich auf einige Gemüsesorten, ein paar Rebenstöcke, Mandeln (deren Anbau kaum noch rentabel ist), Zitrusfrüchte und den allgegenwärtigen Johannisbrotbaum, dessen nahrhafte Früchte zu einem süßen, sämigen Kräuterlikör vergoren werden. Unter den Bäumen weiden Schafe, Ziegen und Schweine.

Rote, eisenoxidhaltige Erde kontrastiert in den ländlichen Gebieten der Insel mit weißgekalkten Fincas und den späten Blüten von Mandelbäumen. Allerdings reicht die geringe landwirtschaftliche Produktion nicht mehr aus, um die Insel zu ernähren. Die meisten Produkte müssen vom Festland importiert werden. So auch die Waren des Supermarktes, auf den ich am Ortseingang von es Canar nach langem Herumirren dann doch noch treffe. Das ist fast wie im Paradies.

Cala Nova

Versuch, das Gehirn in sich selbst spazieren gehen zu lassen

Am nächsten Tag lege ich die Füße hoch. Ich habe genug vom Besichtigen grober Bausünden und der verzweifelten Suche nach Futterstellen. Das ist auch unter den intellektuellen Besuchern der Insel eine beliebte Nichtbeschäftigung gewesen. Einmal nichts sehen, einmal auch nichts denken - das ist, seit Dichter wie Vicente Blasco Ibáñez, Pierre Drieu la Rochelle, Jacques Prévert und viele andere prominente Gäste der Insel sich darüber äußerten, einer der stärksten Gründe, Ibiza zu besuchen. Hinfahren, in die Sonne blinzeln und schon nach ein paar Tagen den Rest der Welt vergessen. Für Walter Benjamin wurde die Insel zur Leinwand einer Fülle kulturell kodierter Bilder, für die der Kulturtheoretiker auffällig häufig die Bilder von Gauguins fiktivem Südseearkadien bemühte. Und Albert Camus erschien auf Ibiza die *„Idee der Langsamkeit'*. Später fanden auch die Hippies Muse und Langsamkeit hipp – nicht nur auf Ibiza. Die *„schwere Krankheit des Denkens'* beschäftigt auch Erich Scheuermanns Südseehäuptling im *Papalagi*: *„Er muß immerzu denken. Er bringt es nur schwer fertig, nicht zu denken. Und mit allen Gliedern zugleich zu leben. Er lebt oft nur mit dem Kopfe, während all seine Sinne tief im Schlafe liegen. Obwohl er dabei aufrecht geht, spricht, isst und lacht. Das Denken, die Gedanken – dies sind die Früchte des Denkens – halten ihn gefangen. Es ist eine Art Rausch an seinen eigenen Gedanken. Wenn die Sonne schön scheint, denkt er sofort: wie schön scheint sie jetzt! Das ist falsch. Grundfalsch. Töricht. Denn es ist besser, gar nicht zu denken, wenn sie scheint. Ein kluger Samoaner dehnt seine Glieder im warmen Lichte und denkt nichts dabei. Er nimmt die Sonne nicht nur mit dem Kopfe an sich, sondern auch mit den Händen, Füßen, Schenkeln, dem Bauche, mit allen Gliedern. Er lässt seine Haut und Glieder für sich denken. Und sie denken sicher auch, wenn auch auf andere Weise wie der Kopf."* Der *Beatnik celebrity* Tuli Kupferberg schrieb ihnen für den Summer of Love das Handbuch: *‚1001 Ways To Live Without Working'*. Das Thema ist bis heute aktuell. Wer seine Hirnwindungen permanent auf Trab hält, erklärte uns der *Zeit*-Autor Ulrich Schnabel jüngst in seinem Lob der Muße, überfordert es und sorgt dafür, dass es nur noch in starren Schemen und Mustern agiert. *"Befreit vom Input, kann das Gehirn gewissermaßen in sich selbst* *spazieren gehen, frische Verbindungen zwischen Nervenzellen knüpfen und so neue Zusammenhänge zwischen gespeicherten Fakten herstellen. Auf diese Weise entstehen ganz von selbst neue Gedanken und, wenn wir Glück haben, auch unerwartete Geniestreiche."* Wahre Lebenskunst habe schon immer aus der richtigen Balance zwischen Aktivität und Ruhe bestanden, zwischen Kreativität und Nichtstun. Oder in der Übersetzung für Hippie-Nachahmer: die Woche über bunte Tücher batiken, am Samstag beim *Las Dalias* verkaufen und Sonntagabend in der Cala Benirrás die Sonne hinter den Horizont trommeln.

Auch der Journalist Schnabel träumt den Hippie-Traum von einer anderen Gesellschaft, in der nicht der Verwertungsgedanke in allem gesucht wird, in dem nicht alle im *"Hamsterrad der Geschäftigkeit…immer die Karotte vor der Nase haben…"* Tun wir das nicht alle? Der amerikanische Soziologe Paul H. Ray hat in einer vielbeachteten und nun auch in Deutschland diskutierten Studie nachgewiesen, dass in Amerika unbemerkt die große soziologische Gruppe der *,Kulturell Kreativen'* entstanden ist – fast ein Viertel der Bevölkerung. Sie wäre dazu in der Lage, tatsächlich eine neue Kultur hervorzubringen, die so genannte *,integrale Kultur'*, in der zukunftsfähige Aspekte aus Traditionalismus und Modernismus ein neues Ganzes bilden. Die Errungenschaften der Aufklärung wie rationale Vernunft und selbständiges Denken finden darin zur Synthese mit den im Modernismus oft als *,irrational'* abgelehnten Dimensionen des Menschen wie Spiritualität, Hinwendung zur Gemeinschaft und Verbindung mit der Natur.

Mein Musetag beginnt denkbar ungünstig. Ein Seniorenheim marschiert über meinen Biwacksack. Wir besichtigen uns gegenseitig. Endlich einmal was los am langweiligen Strand. Allerdings finde ich es bemerkenswert, zu welchem Lärmpegel die Seniorentruppe fähig ist - wohl früher alle Jahrmarktschreier gewesen? Mir brummt der Schädel. Ich verziehe mich in die hinterste Ecke. Einen einsamen Strand kann ich auf die Schnelle nicht auftreiben, fliehe daher in meine Innenwelt. Precht kommt mir dazu gerade recht. Also forsche ich, wie viele ich bin. Beispiel Selbstkonzept: Mit Porsche, Rolex Luxusapartment auf Ibiza könnte ich – rein theoretisch - ein Bild meiner selbst entwerfen, mich damit ausdehnen und erweitern. Zugleich erwürbe ich ein Image: *„Ein Bild meiner selbst für mich und die Augen der anderen."* Eigentum oder Besitz sind also eine Möglichkeit, sich mit Hilfe von Gegenständen psychisch auszudehnen oder, wie Georg Simmel sagt, *„sein Ich zu erweitern.“* Mit den Werkzeugen und Waffen der Jäger und Sammler begann, so Simmel nach Precht weiter, die *Ausdehnung des Ich* in die Dinge. Heute gehöre der Erwerb von Dingen zu den wichtigsten Glücksstiftern in der industrialisierten Welt. *„eine Erklärung dafür wäre, dass es mit den anderen Glücksstiftern in diesen Ländern heute nicht mehr weit her ist: mit dem religiösen Glauben, aber auch mit der Liebe.“* Exzessiver Konsum als Zeichen von Lebensangst? Precht *„Wo die Gefühlswelten anderer Menschen zu kompliziert sind, verlasse ich mich lieber auf die zuverlässigeren Bilder- und Gefühlswelten von Waren.“* Von dieser *Liebe zu den Dingen*, die heute einen kulturgeschichtlich nie gekannten Höhepunkt erreicht hat, lebt unsere Wirtschaft. Sie ist der Treibstoff des Wirtschaftswachstums. Dabei verursacht die industrielle Produktion weltweit immer größere Umweltschäden. Zweifel, dass Geld und Konsum glücklich machen, werden längst immer lauter. Mittlerweile hat das Unbehagen an dieser Jagd nach einem fragwürdigen Ziel – die stetige Erhöhung des BIP (Bruttoinlandsprodukt) die höchste politische Ebene erreicht. In Frankreich ließ Staatspräsident Nicolas Sarkozy die Ökonomie-Nobelpreisträger Joseph Stiglitz und Amartya Sen nach Alternativen suchen. Und der britische Premier David Cameron kündigte kürzlich an, seine Regierung werde Zahlen über das wirkliche Wohlergehen in seinem Land sammeln. Nun legt der Bundestag nach: 17 Politiker aller Fraktionen wollen sich gemeinsam mit ebenso vielen Wissenschaftlern Gedanken machen über Nachhaltigkeit, Wachstum ohne Umweltzerstörung und über *„einen neuen Indikator“*.

Unterdessen brennt mir die Sonne auf die Denkerstirn. Das führt zu innerer Austrocknung, die ich spätnachmittags mit dem guten *Aurum* bekämpfe, das ich am Morgen verbuddelt habe.

Am nächsten Tag ist auch die Außenwelt feucht. Vom Dach der Strandbar tropft es. Die Sonne bricht erst zwei Stunden später durch die Wolken. Gebranntes Kind das ich bin, gehe ich im Supermarkt erst noch mal jagen und sammeln, ehe ich weiterziehe. Vor meinem Jagdrevier hockt ein alter Mann auf der Parkbank und schiebt sich langsam und genussvoll eine Olive nach der anderen in den Mund. Ansonsten ist im Kaff wenig los. In den Touristentrödelläden warten die Verkäuferinnen auf Kundschaft, um Bastschuhe, Luftmatratzen und allerlei Firlefanz an die wenigen Urlauber zu verticken. Ein letztes Mal wandere ich über den Strand der Cala Nova. Der Trubel vom Sonntag ist Geschichte. Nur ein einsamer Jogger schwebt leichtfüßig und braungebrannt über den feinen Sand.

Das Desaster mit der Bebauung des schönen Pinienwaldes hatte ich bereits gestern im Reiseprogramm. Eine Wiederholung werde ich mir heute nicht antun. Ich nehme daher den kürzesten Weg zur Cala Mastella. Dort erwartet mich ein Kontrastprogramm zum gestrigen Trubel. Das einzige Restaurant hält sich dezent im Hintergrund, ebenso die wenigen Häuser. Der Strand wird nur von zwei Anglern bevölkert. Angenehm still ist es hier – jedenfalls in der Jahreszeit, die sie hier Winter nennen. Dafür, dass die schöne Bucht vor mir in den drei Sommermonaten nicht als Geheimtipp gilt, kann ich keine Gewährleistung übernehmen. Angesichts der Massen, die im Sommer die Insel überrollen, kann ich mir nicht vorstellen, dass es dann überhaupt noch einen halbwegs ruhigen Strandflecken auf der Insel gibt. Ich warne daher alle Sommerurlauber vor dieser Illusion. Der Sommerurlauber hat nur die Wahl zwischen überlaufen und weniger überlaufen. Wer Ruhe und Erholung sucht, sollte von Juni bis August einen großen Bogen um die Insel machen. Wo aber am Mittelmeer ist das anders? *„Wo es schön ist, ist es voll und seitdem nicht mehr so schön.“* beschreibt Wolf Schneider das Dilemma des Tourismus.

Tagomago

Im Bann der Pirateninsel

Hinter der Cala Mastella muss ich mich durch einen Pinienwald die steile Straße hocharbeiten. Als die Bäume den Blick über den nächsten Küstenabschnitt bis zum Punta des Pinot freigeben, habe ich einige Kalorien verbraucht. Nur wenige Autos kommen mir entgegen. Dies hier ist zwar nicht das Ende der Welt, aber auch keine Hauptverkehrsachse. Vor der Bucht Cala Boix wird der Bau einer neuen Villa oberhalb der Klippen vorbereitet. Gräben für Abwasserkanäle sind ausgehoben, Pinien bereits plattgemacht. Die Bauarbeiter können kommen.

Die Bucht endet in einem Sandstrand, der grade bis auf den letzten Millimeter abgelichtet wird - so eine Spiegelreflex ist teuer. Bei normalem Gebrauch amortisiert sie sich nicht so bald. Über der Bucht stehen nur wenige Häuser, darunter ein geschlossenes Hostel und ein gut besuchtes Restaurant. Ich laufe weiter zum Pou des Leó (dem Teich des Löwen), wo einst die Hippies und nun die Einheimischen baden gingen - eine Art Geheimtipp ist dieses Kleinod an der Mündung des Canal d´en Martí. Heute badet hier niemand. Statt von lockerer Flowerpowerstimmung wird die Bucht von der schlechten Laune einiger Arbeiter durchwabert. Sie säubern im Auftrag der Umweltbehörde den Strand. Ich laufe weiter, vorbei an einem Restaurant, über verschlungene Pfade, die sich durch Wacholdergebüsch und Krüppelpinien bis zu den Klippen ziehen. Von hier überblicke ich die Ostküste bis zum nordöstlichsten Zipfel, dem Punta Grossa. Als meine Klippenwanderung in Bergsteigerei auszuarten droht, kehre ich um.

Die Umweltarbeiter haben fertig. Ein Fünftonner hievt mit seinem Bordkran den Müll auf die Ladefläche, während sie im Schatten rauchend Siesta machen. Ich folge der Küstenlinie bis zum Punta de ses Eres Roges, wo Bauarbeiter eine riesige Villa in den Hang betonieren. In kurzen Abständen fahren Lastkraftwagen vor und entsorgen einen Teil des Hanges. Hinter der Baustelle ist kein durchkommen mehr. Die Klippe wird zu steil, die Mauer des Grundstücks liegt zu nah am Abgrund. Ich kehre um und folge dem Weg der Baufahrzeuge. Der ist eng

und ungeteert. Immer wieder muss ich ihnen den Weg freimachen, indem ich mich in die Büsche schlage.

Am Ende des *Camino* liegt eine Residentensiedlung. Ich laufe den Hang hinab und lande auf dem Terrain eines Hotelkomplexes, der in die Klippe gefräst wurde. Auch hier ist noch nichts los. Zum Leben erwacht der Hotel Club Cala Verde erst in den wenigen Sommermonaten. Es wird gehämmert, geputzt und renoviert. Der Pool mit Blick über die Bucht liegt verlassen vor mir. Gespenstisch wirkt das. Ehe mich jemand vom Platz fegt, gehe ich hinunter zum Platja des Figural.

Bis es dunkel wird, durchzieht Baulärm die Bucht. Eine Gruppe Teenager schlurft über den Strand und erobert die kleine Felseninsel, zu der eine Betonbrücke führt. Voll im Testosteronrausch setzten zwei Jungs unter dem Gejohle ihrer Kumpels ihre Shirts als Flaggen auf den Fahnenmast. Mit der untergehenden Sonne verschwinden die Plagen.

Der nächste Tag beginnt mit einem Bilderbuchsonnenaufgang hinter der kleinen Felseninsel. Meine Stimmung hebt das so sehr, dass ich mein zweites Vollbad im winterkalten Mittelmeer nehme. Als ich dann auch noch feststelle, dass die Stranddusche funktioniert, ist der Start in den Tag perfekt. Leider geht es so nicht weiter. Die Cala des Sant Vicent ist zum greifen nah, doch nur auf Umwegen erreichbar. Der erste Versuch führt mich fast nach Sant Carles. Zurück am Strand finde ich den Aufstieg zum Klippenweg. Der Blick von oben offenbart mir das wahre Ausmaß der örtlichen Betonorgie. Auf eine Mauer hat jemand in verzweifeltem Aufbegehren *„No ciment"* gesprüht. Kurze Zeit später finde ich ein Schild *„SOS Eivissa".* Als Folge des Klimawandels sind Hangrutschungen am winterlichen Mittelmeer fast schon normale Ereignisse.

Im gleichen Umfang, wie die Klippen ansteigen, sinkt mein Mut. Den rettet auch nicht, dass die Mauern immer weiter an den Klippenrand heranrücken. Nur die Alternativlosigkeit der Route treibt mich noch voran. Nach weniger als einem Kilometer habe ich festen Straßenboden unter den Füßen. Noch nie war er mir so wertvoll.

Sant Joan de Labritja
Wo die Blumenkinder zum Establishment gehören

Der letzte Strand vor der Cala Sant Vicent ist der zweite – allerdings inoffizielle - Nacktbadestrand der Insel. Einige Nackte finde ich am weißen Wasser *S'Aigua Blanca* vor. Ihre Badelust hält sich jedoch in engen Grenzen, obwohl die Bucht hervorragend geschützt ist vor dem kalten Nordwind, der seit Sonnenaufgang bläst. Ein guter Schwimmer könnte von hier zur Cala Sant Vicent rüber schwimmen. Allerdings gibt es rund um die Insel viele tückische Strömungen, die zu einem Himmelfahrtskommando machen, was zunächst locker aussieht. Ich wähle daher den Landweg. Die Landstraße geht durch einen Pinienhain und ist kaum befahren. Auf die seltenen Ausblicke hinunter aufs Meer verzichte ich zugunsten meines Wohlbefindens. In einer Kehre liegt plötzlich der Badeort unter mir. In der Bucht bläst es wieder, als ob der Wind die Touristensilos höchstpersönlich ins Mittelmeer blasen will. Stattdessen schafft er es fast, mich dorthin zu fegen. Den Nachmittag verbringe ich damit, mich gegen den Wind zu stemmen und von der sengenden Sonne gebraten zu werden. Wenn Sie sich mit einer Höhensonne in den Kühlschrank setzen, können Sie das gut nachempfinden. Schließlich überlebe ich auch diesen Tag. Dass ich auch die Nacht überstehen werde, scheint mir später keineswegs sicher. Im Vollmondlicht kommt eine Bestie von der Größe eines Werwolfs auf mich zu. Es ist dies nicht unbedingt eine meiner Lieblingsszenen. So richtig am oberen Rand des Bewusstseins bin ich noch nicht angekommen, als hinter der Bestie ein Schattenriss auftaucht, der menschliche Laute sendet. Ich sende zurück, ohne mir den Text zu überlegen. Vermutlich ein schlichtes „¡*Hola*!". Als er mich endlich erreicht hat, steigt unser Kommunikationsniveau rapide an. Er bietet dem Obdachlosen seine bescheidene Hütte als Unterkunft an. Für Ibizenkos, das habe ich mehrfach erlebt, bin ich auf einem Survivaltrip. Viel zu verrückt, um nur einen Gedanken daran zu verschwenden. Bei arktischen Temperaturen am Strand zu schlafen – das fordert ihr Leiden mit der Kreatur heraus. Die bescheidene Hütte ist ein Restaurant, dessen Vorzelt er mir anbietet. Recht schnell akzeptiert er, dass ich sein Angebot ebenso erfreut wie dankend ablehne. Der Ibizenko wundert sich selten über Nichtinsulaner.

Schließlich hat er mit denen seit Jahrtausenden zu tun. Was er brauchen kann, nimmt er an. Im Winter am Strand zu schlafen gehört definitiv nicht dazu.

Am nächsten Morgen findet der Sonnenaufgang ohne mich statt. Nicht jede Bucht ist auf Ibiza nach Osten ausgerichtet. Das liegt in der Natur der Sache. Diese schon. Leider steht der Punta Grossa der Sonne im Weg. Ich verlasse mein Gefrierfach und schlurfe am Strand entlang. Wenn ich das lange genug tue, kommt auch die Sonne. Irgendwann wird mir dabei langweilig. Ich kehre zurück zu meinem Nachtlager, um mich mittels handelsüblicher Droge wenigstens von innen aufzuwärmen. Kekse nagend, erwarte ich meine heutige Wiedergeburt. Die Sonne lässt sich Zeit. Schräg gegenüber in einer Bar läuft der Fernseher. Arbeiter im Blaumann gehen ein und aus. Wenig später erwacht die Baustelle hinter den Betonklötzen. Es ist Zeit, zu gehen. Der eiskalte Wind vom Vortag ist Geschichte.

Eine antike Höhlenkultstätte, die Cova des Culleram, liegt etwa zweihundert Meter oberhalb der Bucht. Sie gilt als eine der bedeutendsten archäologischen Fundstätten der Insel. Hier verehrten die Phönizier Tanit, ihre Göttin der Liebe und Fruchtbarkeit. Bei den Ausgrabungen wurden 1907 rund 600 Terrakottafiguren gefunden, dazu rund 1000 Köpfe von Figuren und Tonscherben. Leider finde ich die Höhle nicht. Daher verlasse die Urlauberbespassungsstätte Richtung Sant Joan. Inzwischen sind meine Wasservorräte erschöpft. Die letzte Wasserstelle habe ich vorgestern passiert. Meine Hoffnung, eine in Sant Vicent de sa Cala zu finden, dem Dorf zur Urlauberbespassungsmeile, bleibt unerfüllt. Im Mittelpunkt der Streusiedlung steht die unvermeidbare Kirche. Hier werkeln zwei ältere Inselbewohner an deren Verschönerung. Weniger Leben gibt es nur auf Alpha Centauri.

Hinter der Kirche steht ein wackeliges Holzschild, das den Weg zu einer Bar im Nirgendwo weist. Was fehlt, ist dieses Gestrüpp, das in Wildwestfilmen über die staubige Straße gefegt wird. Dann wäre das Nirgendwofeeling perfekt. Die Kirche steht auf einem Hügel, geschützt von Gebirgszügen gegen Meer und Nordwinde. Dahinter drechselt sich die Landstraße nach Sant Joan durch den Pinienwald. Ich folge ihr. Selten kommt mir ein Auto entgegen. Selten gibt der Pinienwald den Blick frei auf mittelmäßige Abgründe. Nichts, was ich beklage. Als ich

dann im Hippiedorf ankomme, bin ich übermütig. Der einzige Supermarkt ist noch offen, die Siesta nicht eingeläutet. Ich lasse die Futterkrippe links liegen, weil ich weiter nach Portinatx will - streng nach dem Motto: kein Kilo zu viel. Das wird sich rächen.

Sant Joan ist Zufluchtsort der alternativen Szene der Insel geworden. Das verschlafene Dorf ist die mit Abstand kleinste Gemeinde Ibizas Heute stammt noch etwa die Hälfte der Einwohner von den Balearen und nicht einmal ein Drittel aus Sant Joan. Die Gemeinde hat den höchsten Ausländeranteil Ibizas. Vor zwanzig Jahren waren es deutlich weniger Ausländer in Sant Joan – viele davon Hippies. Heute gehören sie zum Establishment. Wer hier allerdings blumenbemalte Hausfassaden und schrottreife, flowerpowerverzierte VW-Busse vor jeder zweiten Butze erwartet, wird enttäuscht werden. Sichtbarstes Zeichen sind die Batikteile vor dem *Eco*. Der Laden bietet nicht nur Räucherstäbchen und Naturkost - er ist nebenbei auch das Kommunikationszentrum der alternativen Szene.

In der Bar mit dem schönen Namen *Vista Alegre* sitzen ergraute Hippies und zelebrieren ihren *hangout* – ausgerechnet direkt vor der obligatorischen Wehrkirche. Wenig später, auf meinem Weg zur Küste, komme ich am *Can Marti* vorbei. Das Agroturismo-Hotel gehört einem Schweizer, der die Öko-Bewegung auf der Insel unterstützt. An der Küste gebe ich jedem Strand die Ehre meines Besuchs. Am ersten Strand, dem Platja s'Illot ist sogar das Restaurant offen. Am Strand sonnt sich ein einsames Pärchen. In die Klippen hat jemand eine römisch-dekadente Villa gebaut. Zum Strand hat er sich eine Treppe gebaut. Sie endet an einer Tür. Über der steht in großen Lettern *PRIVADO*. Das ist deshalb besonders dreist, weil die Butze nach dem Küstenschutzgesetz komplett illegal ist. Am Punta sa Torres wird es eine Stunde später noch illegaler. Logisch geht das zwar nicht, gefühlsmäßig schon. Hinter dem alten Piratenwachturm steht das Betonskelett eines Hotelprojekts, das offensichtlich gestoppt wurde. Leider räumt es niemand weg.

Portinatx hat die Bürgersteige hochgeklappt und wartet verschlafen auf die nächste Saison. Jetzt befindet sich die touristische Retortenstadt noch im Dornröschenschlaf. Es ist der größte Ferienort in der Gemeinde Sant Joan. Ursprünglich befand sich an der Bucht Cala Portinatx ein kleines Fischerdorf. Die Bucht diente zudem als Hafen, über

den Güter zum spanischen Festland verbracht wurden. Heute ist der abgelegene Ort touristisch erschlossen und die Bucht von Hotelanlagen umgeben. Die Küste ist felsig und wird durch einige Buchten mit kleineren Sandstränden unterbrochen. Der Ort endet abrupt an einer Felsenküste, über der Ibizas größter Leuchtturm thront.

Nach offenem Supermarkt sieht es hier nicht aus. Also zurück auf Start. Der Rückweg nach Sant Joan kommt mir doppelt so lang vor wie auf dem Hinweg. Gott sei Dank ist der verschmähte Supermarkt noch offen. Im Inneren hämmern die Beats als veranstalteten sie hier eine Rave Party. Auch die Lautstärke der Käufer lässt keine Wünsche offen. Das Angebot befriedigt auch Besserverdienende. Dass darunter viele Deutsche sind, belegt die Müsli-Reformhauskost. Auch das Weinregal ist gut gefüllt. Große Teile des Angebots spielen nicht in meiner Liga. Für mich bleibt es bei einem Bier und einer Tüte Sangria. Am Dorfrand schlage ich mich vor der Praxis einer Deutschen in die Büsche respektive den Pinienwald. Während unter mir eine weibliche Stimme ohne Punkt und Komma in ein Handy plappert, werfe ich meinen Gaskocher an. Hinter Pinienzweigen geht die Sonne unter.

Am nächsten Morgen bin ich schlecht gelaunt. Die Nacht war kalt und einige spitze Wacker, die ich in der Dämmerung des Vortages übersehen habe, prüften meine Prinzessinenqualität. Eine Schaumstoffmatte ist eben kein Himmelbett. Ich packe und schleppe mich zum Dorfparkplatz. Während mein Kaffeewasser langsam – es ist windig - auf Betriebstemperatur kommt, beobachte ich das Kommen und Fahren. Der Supermarkt ist direkt an den Parkplatz angeschlossen. Wo beim Auto der Anlasser ist, wissen die Meisten. Damit hat es sich aber. Offensichtlich ist hier ein Auto nur ein richtiges Auto, wenn es brummt. Und das tun sie um die Wette. Etwa, weil nach dem Einsteigen – und das bedeutet fast immer auch Motor an - noch vielfältige Verrichtungen erforderlich sind. So verhagelt mir das permanente Gebrumme mein Frühstück. Gegenüber sitzen auf dem Balkon des einzigen Hotels zwei pubertierende Mädels und rauchen ihre Morgenzigarette. Ein grauhaariger Langhaariger mit Tochter erscheint auf der Bühne. Die Tochter hat bei Nahsicht allerdings schon einige Falten im Gesicht und ist vermutlich seine Freundin oder Frau. Das werde ich später immer wieder beobachten: die Hippiefrauen sehen oft um Jahrzehnte jünger aus.

Niemand nimmt mich zur Kenntnis. Voll normal, dass hier auf dem Platz jemand seinen Kocher auspackt. Auch gut. Ich schreibe noch meine Reisenotizen zu Ende, bevorrate mich, und mache mich auf den Weg zur Serra Grossa. Da soll es einen Berg mit Rundblick über die Insel und bis nach Mallorca geben. Ausgeschildert ist der es Fornás nicht. Nach einiger Zeit kommt mir ein Festlandspanier auf Urlaub entgegen. Der will nach Santa Eulària. Das liegt auf der gegenüberliegenden Seite der Insel. Ich runzle innerlich die Stirn, denn er ist ohne Karte, mehr oder weniger in Badeschlappen und nur mit einem winzigen Rucksack unterwegs. Ich bezweifle, dass er mehr als ein Halbliterfläschchen Wasser dabei hat - gute Chancen, in Schwierigkeiten zu geraten. Ich empfehle ihm, zurück nach Sant Joan zu laufen und den Bus zu nehmen. Auf der Insel scheinen alle Wege kurz, aber eben nur auf der Karte. Die Insel ist hügelig. Da werden aus zwanzig Kilometer Luftlinie schnell mal vierzig – nicht eingerechnet Irrungen und Wirrungen. Und wie die Versorgungslage in den Streusiedlungen aussieht, habe ich öfter als mir lieb ist erfahren. In der inneren Mongolei ist sie möglicherweise auch nicht schlechter. Ich zeige dem Hasardeur meine Wanderkarte, werde allerdings das Gefühl nicht los, dass er weder mir noch der Karte glaubt. Wenig später versucht er bei einem Pärchen, der Realität doch noch zu entfliehen. Danach macht er sich auf den Weg zurück ins Dorf. Was auch immer ihm das Hippiepärchen, mit dem ich ihn morgens im Dorf gesehen habe, in den Kaffee getan hat - gut getan hat es ihm nicht.

Ich laufe noch eine Weile durch den Pinienwald. Irgendwann treffe ich auf eine Radwegmarkierung, die aus einem Holzpfosten mit einer bunten Nummer besteht. Das hilft mir nicht wirklich weiter, zumal unklar ist, in welche Richtung sie zeigt. Im Übrigen: Radweg sollte man auf Eivissa nicht allzu wörtlich nehmen. Viele Teilstrecken sind nur mit dem Mountainbike zu bewältigen.

Ich folge schließlich einem Pfeil, der auf einen Pinienstamm gepinselt ist. Auch das bringt mich nicht weiter. Der Waldweg führt in absehbarer Zeit nur am Hang eines Bergrückens entlang. Weit und breit kein herausragender Berg. Mir vergeht die Lust. Ich mache mich auf den Weg zurück zum Meer. Das bedeutet im Klartext, dass ich zurück nach Portinatx muss. Diesmal will ich jedoch die Nordroute nehmen. Zurück in Sant Joan spricht mich ein wettergegerbter Ureinwohner an. Wo ich

denn schlafe, fragt er besorgt. Draußen. Aber es sei doch noch saukalt. Nun ja, wo er Recht, hat er Recht. Umständlich erklärt er mir, wie ich in der Nähe von Portinatx eine Höhle finde. Ich vermute, dass ich dazu einen steilen Klippenpfad absteigen muss und hacke die Sache ab, bedanke mich dennoch herzlich und ziehe meines Weges. An der Calo d'en Serra gibt es tatsächlich Höhlen. Sehr tief unten.

Die schmale Teerstraße runter nach Portinatx führt durch Pinienhaine, die von Villen unterbrochen werden. Richtig zugebaut wirkt das hier noch nicht. Viele sind jedoch noch im Bau, was nichts Gutes ahnen lässt. In der Ferne – im Inselinneren – schweift mein Blick über pinienbedeckte Bergkuppen ohne Siedlungsspuren. So muß es im gesamten Mittelmeerraum ausgesehen haben, ehe die Römer beschlossen, Wälder in Kriegschiffe zu verwandeln. Das Herz geht mir auf. Im Norden ist die Insel jenseits der wenigen zugebauten Strände noch halbwegs bei sich selbst.

Über weite Strecken habe ich den Leuchtturm im Blick. Unten angekommen, suche ich einen Weg dorthin. Leider verlaufe ich mich auf den sich immer wieder verzweigenden Waldwegen und habe schließlich Angst, die Orientierung völlig zu verlieren.

In Portinatx lege ich mich auf eine kleine Sandbank, die das stürmische Wintermeer auf die felsigen Klippen gespült hat. Es ist viel los hier - im Gegensatz zum Vortag. Spanische Großfamilien kraxeln auf den Felsen herum. Das geht so bis zur Dämmerung. Vom Leuchtturm kommend kraxelt eine Gruppe Jugendlicher in schwindelerregender Höhe am Klippenrand auf mich zu. Das ist nicht mutig sondern fahrlässig, denke ich. Aber in meinem Alter sinkt der Testosteronspiegel auf Werte, die Kleinmut fördern. Schon vom Zusehen wird mir mulmig.

Die untergehende Sonne lässt die Klippen erglühen. Ein schwules Pärchen nutzt die Abendstimmung für Portraitaufnahmen. Sie posieren gegenseitig und gehen erst, als ihre Kamera vor der Dämmerung kapituliert.

Fröstelnd wache ich mitten in der Nacht auf und kann gefühlte Ewigkeiten nicht mehr einschlafen. Über mir scheint der bereits leicht eingedellte Mond und taucht die Klippe in ein unwirkliches Licht. Das Meer schwappt gemütlich an die Felsen. Lediglich das winzige Felseiland vor mir erzeugt Brandungslärm, als ob es sich behaupten müsste in dieser übermächtigen Klippenlandschaft. Ich stelle mir im Halbschlaf vor, die Sonne ginge nie mehr auf. Das hier wäre schon meine Ankunft in der Ewigkeit. Dann allerdings hätte es ich es schlimmer treffen können. Wenigstens keine Mangrovensümpfe. Ab heute würde ich mir die Zeit damit vertreiben müssen, diese kleine Welt zu besiedeln.

Die Nummer mit den Visionen funktioniert also auch bei Agnostikern - nur wird daraus später keine Weltreligion. Alleine schon deshalb nicht, weil unsereiner die Frage *„Gibt es einen Gott und eine Ewigkeit?"* nicht mit *„Ja"* oder *„Nein"* beantwortet, sondern mit *„Woher zum Teufel soll ich das wissen?"* Denn eine seriöse Antwort kann kein Vertreter unserer Art geben – auch wenn einige es versuchten und immer wieder versuchen. Kant erledigte die Gottesbeweise mit einem einfachen Gedanken: Alle Vorstellungen, die ich mir von Gott mache, sind und bleiben Vorstellungen in meinem Kopf. Precht fasst Kant zusammen: *„Mithilfe meiner Sinne mache ich Erfahrungen, mein Verstand formt daraus Vorstellungen, und meine Vernunft hilft mir, diese Einzuordnen und zu bewerten. Von dem aber, was völlig außerhalb meiner sinnlichen Erfahrungswelt liegt, weiß ich gar nichts."* Das hatte Anselm von Canterbury, geboren kurz nach der vorletzten Jahrtausendwende, in seinem legendären Gottesbeweis schlicht übersehen – kann ja mal passieren. Wenn Gott das ist, über das hinaus Größeres nicht gedacht werden kann, folgt daraus nur, dass Gott in meiner Vorstellung existiert. Über seine Existenz oder Nichtexistenz ist damit nichts ausgesagt. Für Anselm war *„Gott aus dem Kopf in die Welt gehüpft"*, schreibt Richard David Precht und ergänzt: *„Für einen direkten Zugang zum Übersinnlichen ist unser Wirbeltiergehirn nicht geschaffen – ansonsten wäre dies ja auch nicht mehr übersinnlich."*

Ein gewöhnliches Müllfahrzeug beendet meinen Wachtraum und bringt mich in die Realität zurück. Am frühen Morgen hat die Sonne Probleme, mich wachzugrillen. In der Sandbucht hinter mir lärmen bereits die Freizeitkapitäne. Gib Gas, ich will Spaß. Es ist Karfreitag. Der Höhepunkt der Semana Santa beginnt. Mein Schlafzimmer füllt sich mit Ausflüglern in feinem Zwirn. Ich fühle mich wie ein Orang Utan im Zoo und mache mich auf die Socken, ehe jemand auf die Idee kommt, mir Bananen hinzuwerfen.

Portinatx liegt immer noch im Dornröschenschlaf. Der einzige Supermarkt, den ich hier bislang gefunden habe, ist auch heute geschlossen.

Wer auch sollte hier einkaufen? Auf dem Platz davor parken zwei bullige Vespafahrer, ziehen ihre Helme ab, als sei das eine Kärrnerarbeit, schlurfen zu einer Bank über dem Strand und zünden sich eine an. Unterdessen spiele ich mit meiner neuen Digitalkamera. Ich habe es satt, dass sie mit mir spielt. He, wer ist der Chef? Eben. So richtig schlau werde ich aus ihr allerdings auch an diesem Morgen nicht. Ich kann ihr nicht austreiben, dass sie alles besser weiß und ergebe mich vorerst in mein Schicksal. Ich hasse es, wenn Technik über mich bestimmt und Programmierer meinen, sie wüssten besser als ich, was gut für mich ist. Leider hat meine Spiegelreflex beschlossen, ein wenig auszuruhen. Vermutlich für immer. Die war nicht so zickig.

Als ich endlich wieder an der Cala Xarraca ankomme, ist das Restaurant noch besser besucht als am Vortag. Die schöne, tief ins Landesinnere gezogene Bucht mit ihrem kristallklaren Wasser zog schon die Hippies an.

Ich habe so lange herumgetrödelt, dass es inzwischen beste spanische Mittagessenszeit ist. Von hier will ich weiter die Küste entlang. Ein markierter Wanderweg (*Ruta del Falcó* - Pfosten mit Falken drauf) führt zum Punta Xarraca. Es geht bergauf, vorbei an Weinfeldern und brachliegenden Terrassen. Irgendwann erreiche ich eine Freifläche, die vom Strand klar erkennbar war. Hier ist vor nicht allzu langer Zeit der Pinienwald abgebrannt. Mein erster Gedanke ist, dass nachgeholfen wurde. Am gesamten Mittelmeer dient das Feuer der Bodenspekulation. Die Geschichte geht so: Hintermänner stecken einem armen Schlucker was zu. Der lässt eine Zigarette oder mehr fallen. Danach müsste eigentlich wiederaufgeforstet werden. Das geht erfahrungsgemäß seinen langen Behördengang. Bis dann die Waldarbeitertrupps mit neuen Pflänzchen anrücken, ist der fruchtbare Boden weggeschwemmt. No Chance. So die Kalkulation der Bodenspekulanten. Dann kann man ebenso gut Feriensiedlungen in den Fels hämmern. Die Inselregierung tut hier allerdings ihr Bestes, damit das Kalkül nicht aufgeht. Halbverkohlte Stämme sind als Barrieren errichtet worden. Erste zaghafte Triebe aus Naturverjüngung siedeln bereits. In wenigen Jahren werden sie sich festgebissen haben und den Boden nicht lockerlassen. Gut gemacht. Offensichtlich lässt sich die Fortbehörde nicht verarschen.

Ich laufe weiter zum Punta Xarraca und Blicke auf die Steilhänge im Westen. Da ist für jemanden, der nicht als Bergziege geboren wurde, kein Durchkommen. Möglicherweise auch nicht für Schwindelfreie, denn auf den Balearen kann man nie sicher sein, sich unerwünscht auf Privatgelände zu bewegen. Frustriert laufe ich zurück zum abgebrannten Pinienwald und schlage dort mein Nachtlager auf. Unter mir findet eine Regatta statt. Bunte Segel kreuzen in der Bucht vor dem noch nicht geöffneten Hotel. Ich habe von allem Überlebensnotwendigen nicht mehr viel im Gepäck. Vor mir liegt eine Strecke, von der ich nicht wissen kann, wann es das nächste Mammut gibt.

Ostern an der Platja d'en Bossa
Muse – Teil zwei

Die Insel ist klein. Gut für die Hippies. Als sie ankamen, mussten sie viel laufen. Die Trampkultur war nicht besonders ausgeprägt. Auch mir kommt der Umstand entgegen. Also beschließe ich, über Ostern in der gut versorgten Inselhauptstadt zu überwintern. Am nächsten Tag mache ich mich spät auf. Es ist schwül. Die C 733 ist stark befahren. Überraschendes hat die Inselquerung entlang der Landstraße nicht zu bieten. Die Landschaften im Inselinneren kommen ohne dramatische Akzente aus.

Für eine Gruppe Harleyfahrer ist die Insel zu klein. Sie kommt mir zweimal entgegen. Am Ende ihres Urlaubs werden sie jeden Stein persönlich kennen. Die Straße führt durch das fruchtbare Hinterland von Santa Eulària und über den gleichnamigen Fluss, der bei näherem Hinsehen zwischen Schilfwäldern auch Wasser führt – das es jedoch selten bis zum Meer schafft. Lange vor Eivissa führt die Straße durch Industriegebiet. Vor Eivissa zerteilt die E 20 den Premiumblick auf die D'alt Villa. Auf der Avenguida d'Espania ist kurz nach Sonnenuntergang Betriebsamkeit angesagt. Ich eile zum Supermarkt und danach schwer bepackt zum Strand, wo ich beinahe in einen Angler hineinlaufe. Über der Altstadt hat sich eine Wolkenfront aufgebaut, die vom Lichtermeer der Stadt angestrahlt wird. Die Szene hat etwas unwirklich Schönes. Ich koche, habe dann aber keine Energie mehr, die Pampe meinem Magen zuzuführen. Flüssignahrung geht allerdings gut rein.

Der Ostersonntag beginnt windig, kalt und regnerisch. Eine leichtbekleidete Strandläuferin – gebatikter Sarong mit Blumenmuster auf Bikini - gibt sich davon unbeeindruckt. Sie hat Sonne, Strand und Meer gebucht. Mieses Wetter kommt in ihrem Urlaustraum nicht vor. Ich hingegen warte zitternd auf die mir zustehende Serotoninausschüttung. Vergeblich. Der Tag kommt aus seiner Novembetristesse nicht heraus. Der nächste Tag entschädigt mich vollumfänglich. Er beginnt mit Bilderbuchwetter. Schon bald ist der Strand voll. Es ploppt aus allen Ecken. „*Uno, dos, tres* …". Zwei Brettchen und ein Ball reichen vielen Strandbesuchern, um keine Langeweile aufkommen zu lassen. Bis zur

nächsten Olympiade müssen manche allerdings noch eine Weile üben. Ansonsten passiert wenig. Ich übe Muse. Zwei Seeschwalben helfen mir dabei. Den ganzen Tag über lungern sie vor meinem Palast herum und picken den Strand sauber. Ihnen dabei zuzusehen ist zwar kein großes Kino – aber das vertrüge sich mit meinen Übungen in Sachen Muse ohnehin nicht.

Santa Gertrudis
Inselquerung Teil zwei

Nach zwei trägen Strandtagen habe ich das Herumhängen satt. Muse bei schlechtem Wetter macht ohnehin keinen Spaß - und heute ist das Wetter wieder mies. Es stürmt. Die Wellen schlagen hoch. Nur die Kitesurfer freuen sich. Sie blasen ihre Geräte auf und tanzen auf den Wellen. Ich tanze nicht. Schon gar nicht auf der Landstraße vor mir. Offensichtlich wollen heute alle in den Norden. In Santa Gertrudis trenne ich mich ohne Bedauern von ihr. Das Dorf hat einen richtigen Ortskern. Hier siedelten sich erst die Künstler an, dann Leute mit Geld. Sie haben sich in die Hänge Drumherum eingekauft. Künstler gibt es trotzdem noch. Tatsächlich schlurft am nächsten Morgen ein Silberrücken mit Rauschebart und Zeitung an mir vorbei. Die Pinkfarbene mit dem Hut von der Größe eines Zirkuszeltes im reichlich fortgeschrittenen Alter rundet das Bild ab. Wenn sie in ihren pinkfarbenen Pumps elegant laufen könnte, wäre ich begeistert. Kann sie aber nicht. 2001 haben sie hier den Placa Nova (schlicht ‚neuer Platz') eingeweiht, zehn Jahre später ich für mich. In der Nacht fährt schon wieder die Müllabfuhr durch meine Träume. Ich breche früh auf und laufe nach Sant Llorenc. Die Nebenstraße führt durchs ländliche Herz der Insel. Hühner gackern, Enten schnattern und Traktoren pflügen sich brummend durch die Erde. An den Pinienhängen kleben Fincas – unten im Tal davon eine pinkfarbene. Geil. Die Idylle endet, als ich auf die Nordverbindung treffe. Sie verbindet Cala de Sant Vicent mit Sant Antoni de Portmany und ist stark befahren. Rote Pflöcke weisen darauf hin, dass die Straße verbreitert werden soll. Vermessungsingenieure haben bereits ihre Duftmarken hinterlassen. Ob das die Lösung für die Verkehrsprobleme im Norden ist, wage ich zu bezweifeln. Der öffentliche Nahverkehr ist hier oben nur geringfügig besser als in Sibirien. Logo. Sowieso. Genau. Die Bevölkerungsdichte ist ja vergleichbar. Vor Sant Joan verlasse ich die Rennstrecke – nicht ohne mir auszumalen, wie es hier im Sommer abgeht. Das ist vermutlich Horror pur.

Benirràs und Sant Miguel
Touristen in Steilhängen und Hippies am Strand

Durch Pinienwälder schlängelt sich die Stichstraße hinunter zum Port de Benirràs. Die Bezeichnung Hafen ist heutzutage etwas irreführend. Auch in dieser Bucht gibt es nur – Gott sei Dank – die typischen Hütten, in denen die Fischer früher ihre Bote vor Sturm und Wellen weggeschlossen haben. Heute werden sie eher für Freizeitzwecke genutzt. Viele Berufsfischer gibt es auch auf Ibiza nicht mehr.

Ich beobachte eine Familie, die es sich in einer kleinen Hütte gemütlich macht, während ein Sturm aufzieht. Am Strand balgen sich unterdessen zwei Wolfsnachfahren – obwohl sie beide (,*Perros no!*') hier nix zu suchen haben. Das geht über eine Stunde so. Eine Mutter mit zwei Kids betritt die Szene. Sie findet das zunächst lustig und herzt die Raubtiernachfahren. Plötzlich fühlt sich die Tochter bedroht und fängt an zu plärren. Vorbei ist die Freundschaft. Ein Schuldiger muss her. Mangels Alternative werde ich von der Löwenmutter unter Missachtung der Unschuldsvermutung als verantwortlicher Hundebesitzer ausgemacht. Viel Auswahl hat sie nicht, sollte ich fairerweise ergänzen. Sie faucht Unverständliches in meine Richtung, ehe sie ihren Nachwuchs im Luxusspritfresser in Sicherheit bringt. Die Besitzerin des Köters sitzt unterdessen seelenruhig mit ihrer Freundin im Restaurant, während ich zum Hassobjekt mutiere. Niemand kann behaupten, hier sei im Winter nichts los. Im Sommer ist hier allerdings mehr los. Die letzten Hippies der Insel treffen sich dann jeden Sonntag hier, um die Sonne ins Meer zu trommeln. Damit das Ganze nicht zur wüsten Orgie ausartet, hat der Schöpfer den mahnenden ,*Finger Gottes'* – ein Felsen im Meer – in die Bucht gesetzt. Könnte auch ein Stinkefinger sein.

Dicht an die Wand des zweiten Restaurants gepresst, das noch nicht geöffnet hat, versuche ich, mich dem kalten Wind zu entziehen. Wind ist allerdings stark untertrieben. Es wird mit jeder Minute stürmischer. Der Himmel ist tiefschwarz und ich rechne mit einem Unwetter. Langsam bekomme ich es mit der Angst zu tun. Am Strand ist es nicht mehr auszuhalten. Dort fühle ich mich wie in einem Sandstrahlgebläse. Die Palmwedel werden zerzaust, im Pinienwald hinter mir knacken und brechen Äste. Selbst im Schutz des Restaurants will mein Gaskocher

nicht funktionieren. Als es richtig ungemütlich wird, verkrümele ich mich hinter einen Felsen im Pinienhang und hoffe, dass mir kein Baum aufs Haupt fällt. In der Nacht wache ich auf. Es ist sternenklar und windstill. Na also, geht doch. Ich wache noch ein zweites Mal auf: meine nachtaktiven Freunde von der Müllabfuhr fahren mir offensichtlich hinterher.

Früher war es hier idyllischer. Der Reisereporter Frank Topphofen dazu: *„Eher kämen Oberbayern ohne Lederhosen aus, als dass Benirràs ohne Hippies denkbar wäre. Der Strand ist quasi eine Ausgrabungsstätte der Hippiekultur. Nina Hagen hat in Benirràs Hochzeit gefeiert, die Vollmond-Trommelnächte im August sind legendär und schließlich verboten worden. Aber lieber einen Opa im Yogasitz auf dem Handtuch nebenan als ständiges Diskogewummer und besoffen zappelnde britische Jugendliche kurz vor dem Koma. Vor den Stränden rund um Eivissa und Sant Antoni sei in diesem Zusammenhang ausdrücklich gewarnt"*

Im Morgengrauen ist es nicht wirklich gemütlich. Die Kälte ist mir in den Schlafsack gekrochen, über die Klippen fegen dichte Wolken. Missmutig packe ich. Meine Laune bessert sich nicht, als ich sehe, wie sich die Küstenstraße den steilen Hang hochwindet. Es ist der kürzeste Weg zum Port de Sant Miguel. Dennoch verzichte ich. Statt der drei Kilometer habe ich nun einen Fußmarsch von fünfzehn Kilometern vor mir. Eine Herde weidender Schafe leistet mir dabei kurze Zeit Gesellschaft, ist aber nicht sehr gesprächig. Ehe ich weiterziehe, entdecke ich den Hirten und bin froh, dass ich entgegen meiner Gewohnheit keine Konversation angefangen habe. Zum Deppen mache ich mich selten gern.

Sant Miquel überrascht mich durch seine Größe. Um die obligatorische Wehrkirche herum gibt es ein richtiges Dorf. Sein Hafen liegt vier Kilometer entfernt und besteht aus einigen Schutzhütten für die Fischerboote sowie in den Fels gemeißelte riesige Etwasse, die sich bei näherer Betrachtung als Hotels entpuppen. Eines davon ist der Club Hotel Karthago. Das lässt hoffen.

Port de Sant Miquel war einmal eine schöne Bucht, in der ein paar Boote dümpelten - eine kleine Fischersiedlung. Dann haben sie seinen Charme an Bauunternehmer verkauft. Der Wind ist nicht wärmer geworden, aber im Windschatten brennt die Sonne. Die fünfzehn Kilometer bin ich zügig gelaufen, also gebe ich mir für den Rest des Tages frei und mache nichts anderes als andere Urlauber auch: im Sand liegen,

mich braten lassen, lesen und Urlauber beobachten. Muse einüben eben. Am frühen Abend taucht ein Hippie-Opa (Batikshirt, silberner Pferdeschwanz und Pluderhose) mit Clan auf. Er hat einen riesigen Eimer dabei, den er kurz vor der Wasserlinie fallen lässt. Tatsächlich sind es mehrere ineinander gestückte Eimer. Tochter und Herzallerliebste schnappen sich jeweils einen. Dann beginnt ein Schauspiel, das den Menschen als Tier mit ausgeprägtem Herdentrieb outet: sie schwärmen aus, suchen bückend den Strand ab, werfen ab und zu mit einem Plop irgendwas in den Eimer, von dem ich nie herausfinden werde, um was es sich handelt. Egal. Jedenfalls ist es ansteckend. Außer mir sind plötzlich alle Strandbesucher am Bücken und suchen. Und das noch lange, nachdem die Hippiefamilie den Strand verlassen hat. Mich würde interessieren, ob die Nummer auch funktioniert, wenn man nur so tut als ob.

Am nächsten Morgen weckt mich das Gezeter der Möwen. Um diese Tageszeit ist es ihr Strand. Ich bin ein Fremdkörper und äußerst unwillkommen. Als ich mich aus meinem Biwaksack schäle, nehmen sie Reißaus. Zum Wachwerden mache ich einen Strandspaziergang. Ich laufe einige Male hin und her. Strandlänge und Müdigkeit sind umgekehrt proportional. Nach dem Frühstück streife ich durch die Hügel westlich vom Strand, folge einer Schlucht bis zum Ortsschild der Residentensiedlung *Na Xamena*. Die will ich aber nicht wirklich sehen. Ich überquere die Schlucht querfeldein und lande auf einem Hügel oberhalb der Bucht am Torre des Mola. Auf der Straße zurück nach Sant Miquel kommen mir Wanderer entgegen. Die Hippies mit ihren Batiktüchern haben heute geschlossen. Hinter Sant Miquel stehe ich wenig später auf einem Feld und bringe Karte und Landschaft nicht zusammen. Vor den Serpentinen nach es Portixol lege ich mich in einen Feldweg und beschließe, dass ich für heute fertig habe.

Sant Antoni de Portmany
Die Steintruhen des Papalagi

Nebel wabert mir entgegen – gemütlich buchstabiert sich anders. Es wird ein Tag der Gegensätze werden. Lange laufe ich durch ländliches Gebiet zwischen grünbepelzten Hügeln nach Sant Mateu. Die Siedlung besteht im Kern aus zwei Restaurants und der obligatorischen Kirche. In der roten Erde große Weinfelder, die mit kleinen Traktoren bearbeitet werden. Ich mache einen zweiten Abstecher an die Steilküste. Als ich die *Cala d'Albarca* auf einem staubigen Waldweg erreiche, bleibt mir das Herz stehen. Mit weichen Knien stehe ich am Abgrund. Die gnädigerweise zwischen mir und dem Höllenschlund gewachsenen Pinien sind der einzige Schutz vor einer Panikattacke. Ich muss ziemlich bleich aussehen, denn ein Angler bietet mir Wasser an. Ein schmaler Pfad führt über zwei Kilometer in den Abgrund zum unbebauten Traumstrand. Wie die Hippies hier bekifft runter und erst Recht wieder hochgekommen sind, ist mir schleierhaft. Mein Reiseführer nennt die romantische Badebucht *‚etwas unzugänglich'*. Offensichtlich hat sich der biedere österreichische Wanderkartenverlag in britischem Humor versucht.

Zügig verlasse ich den ehemals malerischen Ort. Auf dem Weg nach Santa Agnes – zwei Restaurants, eine Kirche, also üblicher Standard - habe ich einen herrlichen Panoramablick nach Südosten. Hinter Santa Agnes kommen mir motorisierte Biker entgegen. Das lässt nichts Gutes erahnen. Tatsächlich werde ich für längere Zeit den Asphalt einer gründlichen Untersuchung unterziehen. Vor Sant Antoni hängen die Villen im Hang.

Das Erste, was ich von der zweitgrößten Stadt sehe, ist das Hallenbad. Es ist fast noch das hübscheste Gebäude. In der Stadt wird überall gebaut. Dabei scheint die Stadtverwaltung einen Wettbewerb um das hässlichste Hochhaus ausgeschrieben zu haben. Preisverdächtig sind sie alle. Auch zu solchen Betonwüsten hat Erich Scheumanns Südseehäuptling Tuiavi in seinem Bericht über den *Papalagi* eine Meinung: *„Diese Steintruhen stehen nun in großer Zahl dicht beieinander, kein Baum, kein Strauch trennt sie, sie stehen wie Menschen Schulter an Schulter, und in jeder wohnen so viele Papalagi wie in einem ganzen Samoadorfe. Ein Steinwurf weit, auf der*

anderen Seite, ist eine gleiche Reihe Steintruhen, auch wieder Schulter an Schulter und auch in diesen wohnen Menschen. So ist zwischen beiden Reihen nur ein schmaler Spalt, welcher der Papalagi „Straße' nennt. Diese Spalte ist oft so lang wie ein Fluss und mit harten Steinen bedeckt. Man muß lange laufen, bis man eine freiere Stelle findet; doch hier münden weitere Häuserspalten. Auch diese sind wieder lang wie große Süßwasserflüsse, und ihre Seitenöffnungen sind wieder Steinspalten von gleicher Länge. So kann man wohl tagelang zwischen diesen Spalten umherirren, bis man wieder einen Wald oder ein großes Stück Himmelsblau findet."

Im Hafen wummert Technomusik. Passt. Auf der Insel wurde sie erfunden. Am Abend wird es still. Der filmreife Sonnenuntergang entschädigt mich für das bauliche Desaster, das langsam im Dunkel der Nacht verschwindet und einem Lichtermeer weicht. Die Romantikeinlage ist fester Bestandteil des örtlichen touristischen Angebots. An der Promenade hat sich reichlich Publikum versammelt, das die perfekte Show minutenlang beklatscht. Danach wird es einsam um mich.

Das ändert sich in der Dämmerung des nächsten Tages. Die halbe Stadt joggt an mir vorbei. Auch die vespaberittene Policia Local brummt an mir vorbei, während ich meinen Kaffee koche. Danach überfalle ich einen Supermarkt. Am frühen Sonntagmorgen trifft sich hier der nichtjoggende Rest der Stadt. Später laufe ich Richtung Norden, vorbei an Häusern mit Slumqualität. Am Ende der Promenade kraxle ich eine Weile die Felsküste entlang, bis es nicht mehr weitergeht.

Die parallel verlaufende Straße führt mich zum Cala Gració, vorbei an neuen Apartmentanlagen, die Käufer suchen. Die spanische Immobilienblase ist geplatzt, viele Projektentwickler, Baufirmen und Immobilienmakler sind pleite. Zwischen den künftigen Edelruinen liegt noch ein unbebautes Grundstück. Die Hauptlebensform der Insel ist teilweise schon entfernt, um die weitaus selteneren Lebensform Mensch in Betonkäfige zu setzen. Im Regelfall hausen die Residenten hier jedoch nur einige Wochen im Jahr. Auch ein Hotel von monströser Hässlichkeit kreuzt meinen Weg. Zwischen Pinien versteckt zeigt ein weiteres, dass Hotels nicht zwingend nach Plattenbau aussehen müssen. Am Strand sitzen einige Familien. Um diese Jahreszeit sind noch keine Touristen darunter. Kids spielen Fußball. Das Spiel geht nach einiger Zeit in eine Art orientalischen Männertanz über. Elegant lassen sie die Hüften kreisen. Das Schauspiel ist unterlegt mit Hip-Hop, der aus einem Blockbuster kommt und hat Pogo-Einlagen, die ihnen tierisch Spaß machen. Später füllt sich der Strand. Eine Karawane Jugendlicher, die sich Mühe geben, sehr hippiemäßig daherzukommen, zieht zum intimeren Nachbarstrand - offensichtlich, um Party zu machen. Hinter ihnen schwebt eine schokolaldenbraune Fee ein. Ihr Lover liegt zu diesem Zeitpunkt bereits seit Stunden am Strand. Wenn er vorhatte, sich ihr farblich zu nähern, war das ein glatter Fehlschlag. Seine Hautfarbe changiert inzwischen immer deutlicher ins Schweinchenrosa. Der Gendefekt, den wir uns *Out of Afrika* eingehandelt haben, lässt sich nur schwer und mit hohem Risiko kompensieren. Ist er gegen Hautkrebs immun? Sorglos ist er allemal. Das Denken auszuschalten, ist nicht immer eine gute Idee.

Sein überirdisches Komplementärgeschöpf hat bessere Karten. Besonders intelligent erscheint mir aber auch ihr Verhalten nicht. Sie hat bloß ein Fähnchen an – Ton in Ton mit ihrer hautkrebsresistenteren Grundfarbe. Um das auszuziehen, schwebt sie einmal um den Strand, verzieht sich hinter die verlassene Bar und kommt mit einem noch winzigeren Etwas zurück, dessen Oberteil sie später ablegt. Ihr Lover hat die Aktion verdöst. Später, als ich aus dem Wasser komme, sehe ich sie mit nacktem Oberkörper im Sand liegen.

Am Abend färbt sich der Himmel nach dem Sonnenuntergang rosarot. Er scheint zu brennen. Ich schlüpfe in meinen Biwacksack. Dicht vor mir schwappt das Mittelmeer träge ans Ufer. Ein Tsunami wäre jetzt mein Ende, schießt es mir mit unerfreulichen Bildern durch den Kopf. Ist aber hier eher selten, rufe ich mich zur Ordnung, stecke mir eine letzte Zigarette an, schenke mir noch einen Veterano ein. Rundum glücklich und zufrieden versiegt mein Bewusstsein.

Am nächsten Tag ist es mit der Zufriedenheit im ‚Hier und Jetzt' vorbei. Zum Frühstück besuchen mich zwei Glasbottom-Boote. Die Stimme des Kapitäns fegt mich fast vom Felsen. Zwei nicht mehr ganz so junge Hippiemädels schweben grußlos an mir vorbei - kein Love and Peace für mich. Als dann die Müllabfuhr anrückt, beschließe ich, mich vom Acker zu machen.

Da die Insel bald zu Ende ist, laufe ich Richtung Norden und damit wieder zurück. Ein kleines Pinienwaldstück führt mich in die Sackgasse eingezäunter Grundstücke. Daher folge ich dem unbefestigten Weg, der auf den inseltypischen Sperrigel aus Villengrundstücken trifft.

Irgendwie komme ich dann doch noch zum kleinen Geschwisterstrand. Danach laufe ich auf dem unbefestigten Weg, der parallel zu den Küstenvillen verläuft, zur neuen Dessalinizadora, die sich mit gleich drei unterschiedlichen Schreibweisen kleidet und erst vor sechs Jahren für schlappe Fünfmillionen Euro errichtet wurde. Luxusvillen kosten mehr. Es ist in Spanien übliche Praxis, den Steuerzahler vor Ort wissen zu lassen, was ihn die Butze gekostet hat. Nördlich der Anlage werden mir die Klippen deutlich zu hoch. Ich Weichei nehme die Teerstraße, die steil durch Stella Maris aufsteigt. Ein deutscher Arzt hat sich hier niedergelassen.

Hinter der Urbanisation sind die üblichen Millionenvillen in die Hänge und Pinienwälder gestreut. Dörfer gibt es weiter nördlich nicht mehr. Viel Platz für Projektentwickler. Vom Cap Negret blicke ich auf die Klippenlandschaft im Norden und beschließe, es gut sein zu lassen. Ich laufe zurück zum Manhattan der Balearen und beehre ein weiteres Mal die Futterstelle. Heute ist der Laden brechend voll. Richtig geil findet das ein Deutscher. Ihn sehen und nicht mögen findet in einer Millisekunde statt. Jung, dynamisch, aufgeblasen, sonnengebräunt, in die Dauerwellen hochgeschobene Sonnenbrille. Er gehört einer hippen Clique an. Die Insel gehört ihnen. Daran lassen sie keinen Zweifel.

Schwer bepackt laufe ich wenig später an den Glasbottombooten vorbei, die meinen einsamen Strand beschallt haben und nun friedlich am Pier vor sich hin schaukeln. Daneben liegen kleine Ausflugsboote, die im Sommer für acht Euro eine Stunde Seekrankheit im Discounttarif anbieten. Und natürlich jede Menge Sportboote. Dahinter kommt das Eden. Die goldene Kuppel offenbart den Zweck des Gebäudes nicht unbedingt. Hier findet im Sommer Party satt statt. Nur eine stark befahrene Straße trennt den Partytempel vom feinen Sandstrand. Dahinter wechseln sich Apartments und Hotels ab. Schwer vorstellbar; dass Albert Camus 1935 gerade in Sant Antoni die ‚Idee der Langsamkeit' erschien. Statt einsamer Fischerhütten gibt es hier im Sommer Strandtücher dicht an dicht. Und statt der Wellen kriecht vielen nun der Alkohol ins Hirn – wahlweise auch viel Chemie. Der Notarzt ist hier im Sommer ein gefragter Mann.

Walter Benjamin, der zwei Jahre vor Camus hier war, beschreibt die arkadischen Zustände vor Beginn des Touristenbooms in einem Brief so: „*Ich führe ein Leben wie die Hundertjährigen es als Geheimnis den Reportern anvertrauen: aufstehen um sieben Uhr und im Meer baden... darauf, gegen einen gefügigen Stamm im Walde gelehnt, ein Sonnenbad, dessen heilsame Kräfte... auf den Kopf übergreifen und dann ein langer Tag der Enthaltung von zahllosen Dingen – weniger, weil sie das Leben verkürzen, als weil sie es gar nicht gibt oder so schlecht, dass man sie gerne beiseite lässt – elektrisches Licht und Butter, Schnäpse und fließendes Wasser, Flirt und Zeitungslektüre.*"

Sant Josep de sa Talaia
Wo die Betonmischer nicht stillstehen

Ich laufe von Bucht zu Bucht. Das zieht sich sehr viel länger hin, als es aus der Ferne aussah. Am Calò de s'Oli mischen sich das britische Idiom und Techno von der Strandbar mit höllischem Baulärm. Die Urlauber aus dem Vereinten Königreich scheint das nicht zu stören. Ist wohl eine Frage des Pegels. Damit ist nicht der Lärm gemeint.

Die Bucht gehört bereits zur Gemeinde Sant Josep de sa Talaia. Die legt offensichtlich viel Wert auf die Betonverkrustung ihrer Küsten. Wenn es darum geht, den Scheiß wieder wegzuräumen, lässt man allerdings kuriose Versuche zu. Vor mir steht ein Hotelskelett, auf das ein einsamer Bauarbeiter mit einem Vorschlaghammer einhämmert. Auf diese Weise ist sein Job noch mehrere Jahrzehnte gesichert. Zumindest ist die Methode klimaneutral. Immerhin. Den modernen Kram nehmen sie hier wohl nur, wenn sie die Betonklötze in die Landschaft stellen.

Auf der ganzen Strecke kommen mir Briten entgegen. Viele davon tragen das All-inclusive-Bändchen. Vom Swimmingpool aus grölt mich einer in markantem Schweinchenrosanaturkostüm an. *„Come here!"* Bin ich Hasso? In seinem riesigen Colabecher ist das braune Zuckerwasser sicher in der Minderheit.

In Port des Torrent beende ich mein Tagewerk. Die Bucht ist mit Bojen übersät. Auch hier wird im Sommer die ‚Idee der Langsamkeit' absurd erscheinen. Jetzt, im Winter, kann ich mir durchaus vorstellen, dass Walter Benjamin in dieser Bucht einst im Meer badete und *„ gegen einen gefügigen Stamm im Walde gelehnt, ein Sonnenbad"* nahm. Das Pinienwäldchen ist dazu ein idealer Ort. Leider bestimmt heute die Mauer einer Ferienanlage das Landschaftsbild, auf der anderen Seite eine Apartmentanlage. Auf den Sandstrand folgt ein Einkaufszentrum, das so tot ist wie der Hauptfriedhof von Chicago. Jogger queren den Strand, machen Dehnübungen an den Stangen des Restaurants und verschwinden wieder.

Nach Einbruch der Dunkelheit bin ich alleine. Der Himmel zieht sich zu. Ich ahne nichts Gutes. Tatsächlich fängt es in der Nacht an zu regnen. Es ist ein feiner Nieselregen, der im Verlauf des nächsten Tages seine Intensität variiert, aber nie ganz aufhört. Ich verziehe mich in das kleine Pinienwäldchen hinter den Restaurants und verkrieche mich vor der nassen Kälte in meinen Biwacksack. Mit einem Schuss Brandy im Frühstückskaffe sieht die Welt gleich rosiger aus. Ich finde sogar Gefallen daran, den Arbeitern der Küstenschutzbehörde beim Schutz der Küste zuzusehen. Die besteht darin, in regelmäßigen Abständen Holzpfähle im Boden zu versenken und Weidenmatten daran zu befestigen, die den Wind daran hindern sollen, die Dünen wegzublasen. Nicht verhindern wird man damit, dass sie Opfer des steigenden Meeresspiegels werden.

Aber das hat noch einige Jahrzehnte Zeit. In den kommenden fünfzig Jahren könnte er um bis zu einen halben Meter zunehmen. Das jedenfalls sagen die Forscher des spanischen Instituts für Ozeanographie. Sogar ein relativ geringer Anstieg werde immense Folgen für die Küstenregionen haben, warnen die Forscher. Aktuell bedroht mich allerdings eher das Wasser von oben. Der Biwaksack ist nass. Lange wird er der Dauerberieselung nicht mehr standhalten.

Den Rest des Tages verbringe ich mit dem Poeten der Canyons. Die Tagebücher und Briefe des jungen Everett Ruess erzählen von einem überschwenglichen Romantiker. Auf der Suche nach einem Leben im Einklang mit der Natur durchstreifte er zwischen 1930 und 1934 die Schluchten Utahs und den Grand Caynon. Monatelang war er nur mit seinem Esel unterwegs. Er wurde zur Kultfigur. Hier bei uns ist er allerdings eher unbekannt. Was ihn trieb, schrieb er bereits während seines ersten Ausflugs in die Einsamkeit des Yosemite Nationalparks: *„Manche Leute vertreten ja die Meinung, dass jede notwendige Arbeit ehrbar und schön sei, weil sie eben getan werden muß, doch mit dieser Einstellung kann ich nichts anfangen…Ich für meinen Teil laufe lieber den ganzen Tag hinter einem Esel her, als zwei Stunden in einem Auto zu sitzen…Ich möchte mein kurzes Leben mit interessanten Erlebnissen und schöpferischer Arbeit füllen."* Der erste Hippie also – allerdings ein notorischer Einzelgänger: *„Der einsamste Weg ist am Ende der beste Weg."* Die Blumenkinder hingegen traten vorzugsweise in Rudeln auf – sei es auf dem Hippie Trail oder in Woodstock. In dem Drang nach naturmystischer Esoterik stand er ihnen jedoch nicht nach: *„Die Welt erschien mir schöner als je zuvor. Ich liebe die roten Felsen, die knorrigen Bäume, den roten Sand, den der Wind mit sich führt, die langsam dahinziehenden Wolken, die in der Sonne schimmern, den Mondschein auf meinem Lager. Ich war eins mit der Welt. Ich war froh, unterwegs zu sein, umherzuziehen. Tief im Inneren*

fühlte ich eine große Erhabenheit, ich schaute in die Glut meines Lagerfeuers und sah weit durch sie hindurch."

Ein wenig erinnert das auch an Hermann Hesse, der mit ,Klingsors letzter Sommer' und ,Sidharta. Eine indische Dichtung' – beides geschrieben kurz nach dem ersten Weltkrieg – posthum zu einem Superstar der Hippies wurde. Kein Wunder. In seinen frühen Werken aktualisiert Hesse das Aufbegehren der deutschen Romantik gegen die naive Fortschrittsgläubigkeit. Unter dem Einfluss fernöstlichen Denkens – auch hier ist er den Hippies sehr nahe – wurde er zu einem der eindringlichsten Kritiker des Mainstream seiner Zeit. Klingsor lässt er denken: „Es war die spätgoldene Stunde, noch glühte Licht des Tages überall, doch gewann der Mond schon Schimmer, und erste Fledermäuse schwammen in der grünen Flimmerluft. Ein Waldrand stand sanft im letzten Licht, helle Kastanienstämme vor schwarzen Schatten, eine gelbe Hütte strahlte leise das eingesogene Tageslicht von sich, sanftglühend wie ein gelber Topas, rosenrot und violett führten die kleinen Wege durch Wiesen, Reben und Wald, da und dort schon ein gelber Akazienzweig, der Westhimmel golden und grün über sammetblauen Bergen. Oh, jetzt noch arbeiten zu können, in der letzten, verzauberten Viertelstunde des reifen Sommertages, der nie wieder kam! Wie namenlos schön war alles jetzt, wie ruhig, gut und spendend, wie voll von Gott!" Und wenig später erinnert Hesse an Ruess in seiner Abneigung gegen das brave, gewöhnliche Allerwelts- und Bürgerleben: „Und viel hatte er getan, viel gesehen, viel Papier und Leinwand bemalt, viele Herzen in Liebe und Hass erregt, in Kunst und Leben viel Ärgernis und frischen Wind in die Welt gebracht. Viele Frauen hatte er geliebt, viele Traditionen und Heiligtümer zerstört, viele neue Dinge gewagt. Viele volle Becher hatte er leergesogen, viel Tage und Sternennächte geatmet, unter vielen Sonnen gebrannt, in vielen Wassern geschwommen. Nun saß er hier, in Italien oder Indien oder China, der Sommerwind stieß launisch in die Kastanienkronen, gut und vollkommen war die Welt."

In der gleichen Zeit entstand ,Sidharta' - in der Sprache des Sanskrits der Name für den, der sein Ziel erreicht hat. Das Buch handelt von einem jungen Brahmanen gleichen Namens, der mit seinem Freund Govinda die Heimat verlässt, weil ihm die geistige Welt, in der er aufgewachsen, erzogen und gebildet wurde, nicht mehr genügt. Das traf das Lebensgefühl der Blumenkinder. Er schließt sich einer Asketensekte an und wird ein Samana. Doch die Erkenntnis findet er nicht als Büßer, der sich kasteit und die irdische Welt verachtet, er findet sie aber auch nicht in der Begegnung mit Gautama Buddha. Er setzt seine Wanderschaft fort und erlebt die Welt der Sinne. Erst jetzt erlebt Siddhartha die Harmonie der Welt.

Hermann Hesses 1922 erschienene Erzählung ist das Ergebnis der permanenten Auseinandersetzung des Schriftstellers mit der Philosophie und Religion Indiens, die bis in seine Kindheit zurückreicht und sich in der Indienreise von 1911 fortsetzt. Sie wurde in zwölf indische Sprachen übersetzt. Dennoch: *„Siddhartha ist ein sehr europäisches Buch, trotz seines Milieus, und die Siddhartha-Lehre geht so stark vom Individuum aus und nimmt es so ernst wie keine asiatische Lehre es tut. ... Ich suchte das zu ergründen, was allen Konfessionen und allen menschlichen Formen der Frömmigkeit gemeinsam ist, was über allen nationalen Verschiedenheiten steht, was von jeder Rasse und von jedem Einzelnen geglaubt und verehrt werden kann.“* (An die persischen Leser des ‚Siddhartha'). So antwortet Sidhartha-Hesse am Ende der Erzählung seinem Freund Govinda: *„Vielleicht ist es dies, was dich hindert, den Frieden zu finden, vielleicht sind es die vielen Worte. Denn auch Erlösung und Tugend, auch Sansara und Nirvana sind bloße Worte, Govinda. Es gibt kein Ding, das Nirvana wäre; es gibt nur das Wort Nirvana...Ich halte von Dingen mehr. Hier auf diesem Fährboot zum Beispiel war ein Mann mein Vorgänger und Lehrer, ein heiliger Mann, der hat manche Jahre lang einfach an den Fluss geglaubt, sonst an nichts. Er hatte gemerkt, daß des Flusses Stimme zu ihm sprach, von ihr lernte er, sie erzog und lehrte ihn, der Fluss schien ihm ein Gott, viele Jahre lang wusste er nicht, daß jeder Wind, jede Wolke, jeder Vogel, jeder Käfer genau so göttlich ist und ebensoviel weiß und lehren kann wie der verehrte Fluss. Als dieser Heilige aber in die Wälder ging, da wusste er alles, wusste mehr als du und ich, ohne Lehrer, ohne Bücher, nur weil er an den Fluss geglaubt hatte.“*

Vor mir fließt kein träger Fluss. Es schwappt nur das regengraue Mittelmeer lustlos ans Ufer. Lange noch denke ich mir die triste Realität ins Nirvana. Von einem gnädigen Überwesen namens *Veterano* geleitet, schlafe ich bereits in der Dämmerung ein. Am nächsten Morgen ist der Spuk vorbei. Ein Traktor weckt mich lange vor Sonnenaufgang. Er durchpflügt eine gefühlte Ewigkeit den Strand für die kommende Touristensaison. An Schlaf ist nicht mehr zu denken. Ich bin stinksauer. Meine Nachtruhe ist so futsch wie das Ökosystem. Noch philosophietrunken vom Vortag wünsche ich dem Fahrer Nietzsches immerwährende Wiederkehr. Wenn sich jede Sekunde unseres Daseins unendliche Male wiederholt, so schreibt Milan Kundera in seinem Buch *Die unerträgliche Leichtigkeit des Seins*, dann sind wir an die Ewigkeit genagelt wie

Jesus Christus ans Kreuz. Ach ja: in meiner Vision fahre ich den Bagger und er liegt hier. Auch ich kann sadistisch sein. Ernsthaft nachgereicht: Nietzsche wollte mit dem oft missverstandenen Satz aus seinem ‚Zarathustra' („*Und diese langsame Spinne, die im Mondschein kriecht, und dieser Mondschein selber, und ich und du im Torwege, zusammen flüsternd, von ewigen Dingen flüsternd müssen wir nicht ewig wiederkommen?*") vermutlich nur sagen: Lebe dein Leben so, dass Du jede Sekunde davon ewig aushalten kannst.

Sa Conillera
Wo Hannibal das Licht der Welt erblickte - angeblich

Vor mir liegt lange keine Siedlung mehr. Daher laufe ich wieder zurück, bis ich einen offenen Supermarkt finde - bin schließlich keine Puffotter. Meine tägliche Portion *arrós a la sardina en escabeche* - brauche ich schon. Dann nehme ich Kurs Richtung Westen. Am Punta de se Pedera erwarten mich Baustellen. Er wird mit Apartmentanlagen aufgehübscht. Der Kontrast zwischen den alten Fischerhütten vor mir und der Skyline von Sant Antony macht mich wehmütig. Im Pinienwald dahinter verstecken sich die mehr oder weniger bescheidenen Butzen der ersten Siedlergeneration, denen man inzwischen protzige neue hinzugefügt hat. Für die brandneuen Luxusvillen scheint sich jedoch niemand zu interessieren.

Ich arbeite mich über sich immer wieder verzweigende Pfade. Die hier am Klippenrand eher kleinwüchsigen Pinien wehren sich immer wieder gegen mein Eindringen. Ihr dichtes Gestrüpp wechselt sich mit Freiflächen ab, die den Blick auf Sant Antoni freigeben. Das muss ich nicht haben. Irgendwann treffe ich auf den gut ausgeschilderten Radweg, der zu den Platjes de Comte an der Nordwestspitze der Insel führt. Mitten im Nirgendwo des Pinienwaldes erobert sich die Wildnis einen Rohbau zurück. Auch hier scheint niemand daran zu denken, die Bausünden der Vergangenheit wegzuräumen. Kurze Zeit später endet der dichte Pinienwald. Unter mir liegt die Cala Bassa. Eine Gruppe mit Esel nähert sich mir. Es sind Rentner aus England, die schon lange auf der Insel Leben. Eine der beiden Damen spricht mich nämlich in fließendem Katalan an. Wir einigen uns dann doch auf das englische Idiom, denn außer ein paar Brocken verstehe ich die Sprache der Eingeborenen leider nicht. Sie erfassen sehr schnell, was ich hier treibe. Nun gut, nach Sonntagsausflügler sehe ich nicht aus. Ich erzähle ihnen meine Story und merke erst, als sie schon hinterm Horizont verschwunden sind, dass ich mich nicht wirklich für sie interessiert habe. Wie dem auch immer sei. Chance verpasst. Einer der beiden älteren Herren gibt mir ein freundliches „*Well done*" mit auf den Weg und bedauert, dass ich nun wohl bald „*Back to the Grindstone*" (Zurück in die Tretmühle) müsse. Bescheiden verrate ich ihnen nicht, dass ich gerade bei der Arbeit bin.

An der Cala Bassa ist der Zeltplatz noch geschlossen. Nicht eine Bar ist geöffnet. Kalt bläst der Wind über den Strand. Ein Pärchen mit Kleinkind sitzt im arktischen Wind, dessen Böen Miniatursandstürme entfachen. Das scheint ihnen egal zu sein. Sie haben Strandurlaub gebucht und ziehen den voll durch. Hinter dem Campingplatz geht der Radweg weiter durch den Pinienwald. Wo er heraustritt, hängt er am Klippenrand. Wenigsten belästigt mich hier die Skyline von Sant Antoni nicht mehr. Hinter dem Torre d'en Roja ist der niedrige Pinienwald mit Feuerstellen gespickt. Im Sommer ist es hier offensichtlich nicht ganz so einsam. Zudem sieht es vor dem Torre so aus, als ob hier regelmäßig Offroad-Rennen stattfinden würden. Dahinter scheint die Felseninsel sa Conillera. Hannibal soll, so behaupten es jedenfalls einige Lokalpatrioten, 247 vor der Zeitenwende auf der winzigen Insel geboren worden sein. Nach der offiziellen Geschichtsschreibung erblickte er das Licht der Welt in Karthago.

Die Platjes de Comte sind gut besucht. Das liegt vor allem an dem geöffneten Restaurant und der Teerstraße, die zu ihm führt. Der Radweg führt mich am Klippenrad entlang bergauf zur Urbanització Puig del Delfi, die größtenteils aus dem Club Calimera besteht. Der Blick auf die Westküste Richtung Süden ernüchtert mich. Die Küste ist gnadenlos betonverkrustet. Nicht ein einziges gewachsenes Dorf liegt an der Westküste. Ich erinnere mich mit Schrecken an Cala Llenya: geschlossene Supermärkte, kein Mensch weit und breit. Das muss ich mir nicht geben. Reichlich gefrustet laufe ich zurück zur Cala des Comtes.

Die Küsten Ibizas sind bis auf wenige Ausnahmen lediglich touristisch bebaut. Schuld sind die Piraten. Mit dem Niedergang der Wirtschaft in den Maghrebländern und der Vorherrschaft der christlichen Staaten im Mittelmeer seit dem 15. Jahrhundert entwickelte sich das Korsarentum in den Küstenstädten des Maghreb. Aber auch ohne die Piratenüberfälle der Mauren, Türken und anderer *corsario* wäre das so. Denn aus pittoresken Fischerdörfern wären längst Touristensiedlungen geworden.

Auch meine Digitalkamera scheint sich erschrocken zu haben. Jedenfalls fährt das Objektiv nicht mehr ein. Für den Rest meiner Tour wird sie sich von dem Schock, den ihr die Westküste bereitet hat, nicht erholen.

Am Horizont liegt die Insel es Vedrà. Der fast vierhundert Meter hohe Felsen liegt vor dem südwestlichen Zipfel von Ibiza. Er ist heute Naturschutzgebiet. Neben allerlei Flattermännern leben auch Ziegen auf der Miniaturinsel. Die hat der Mönch Palau ausgesetzt, der im 19.Jahrhundert einige Zeit auf dem Felsen hockte, um einsam über Gott und die Welt nachzudenken. Weniger einsam ist es heute an der gegenüberliegende Küste. Riesige Hotel- und Apartmentanlagen säumen die Pinienhänge. Als es dort noch nicht so übel aussah, saß Mike Oldfild hier am Strand gegenüber und schrieb *Tubular Bells*. Und später Chris Rea, der die Insel auf seinem Album *Voyager* verewigt hat.

Es Vedrà zieht viele Esoteriker an. Einige von ihnen sind felsenfest davon überzeugt, dass es sich bei dem Felsen um die Spitze des mythenumwobenen Atlantis handelt, andere sehen in ihr einen Gegenpol zum berühmten Bermuda-Dreieck. Für wieder andere ist es ein UFO-Landeplatz, obwohl das Landen auf dieser Felsnadel eher an der Intelligenz Außerirdischer Zweifel hinterlassen könnte. Eine Esoterikerwebsite schreibt dazu: *„In der Bucht gegenüber es Vedra finden sich jeden Morgen viele spirituelle Menschen ein, um gemeinsam zu meditieren und sich mit der magnetischen Kraft Es Vedras aufzuladen."*

Zurück an den Platges de Comte lade ich mich ganz konventionell mit Kalorien auf. Ich koche mein Abendessen in den Dünen. Das dauert ewig, weil der Wind aus allen Richtungen kommt. Unterdessen geht die Sonne mäßig spektakulär unter und hüllt die bröckelnde Fassade des *Sunset Ashram* in gnädiges Dunkel. Am nächsten Tag laufe ich nach Sant Augusti. Zwei Offroadfahrer kommen mir entgegen und toben sich in den Dünen aus. Je näher ich Puig de sa Roca komme, desto stärker wird der Baustellenlärm. Die Baustelle war schon vom Strand aus zu sehen: als hässliche breite Wunde im Berg.

Oberhalb von Port des Torrent lädt mich ein Supermarkt zum verweilen ein. Eine Deutsche steht an der Kasse. Sie bedient in drei Sprachen simultan. Gesprächsthema ist das Wetter. Das zickt seit Tagen herum, soll aber besser werden. Das ist Konsens. Buddha wird's schon richten.

Sant Augustí
Im Hinterland der Westküste

Sant Augustí liegt oberhalb der lärmenden Straße, die über das Bergdorf Sant Josep de sa Talaia nach Eivissa führt. Es ist das älteste Dorf der Insel und wieder richtig gut beisammen. Damit das auch so bleibt, arbeitet ein Bautrupp am Kulturzentrum. Als ich ankomme, macht er gerade Siesta. Auch sonst ist wenig los hier. Touristen sind um diese Jahreszeit eine seltene Lebensform – gerade hier. Da es nichts wirklich Spektakuläres zu sehen gibt, drehen sie eine Runde um den Dorfplatz, machen ein Photo von der Kirche, die dort seit 1808 herumsteht, und fahren weiter. Das *Can Berr*i – Spezialität: Wildkaninchen, die nicht schnell genug waren - macht im Winter erst nach Sonnenuntergang auf. Ich setze mich auf eine der Bänke hinter der Kirche und bereite meine *Paella speciale* vor. Während mein Festmahl vor sich hin blubbert, gehe ich Spazieren. Wie alle Touristen umrunde ich den Dorfplatz. Da das keine abendfüllende Beschäftigung ist, schaue ich den Bauarbeitern beim Bauarbeiten zu. Später, als sie gegangen sind, ziehe ich auf ihren Siestaplatz vor dem Pfarrhaus um. Hier gibt es Talblick vom Feinsten. Gegenüber versperrt mir der höchste Berg der Insel die freie Sicht aufs Mittelmeer. Dafür muss er sich gefallen lassen, dass seine Hänge mit Villen bepockt sind. Eine Motorsäge kreischt durch das Tal und lässt auf Leben dort unten schließen. Dass es auch hier oben Bewohner gibt, erlebe ich, als ein Familienvater sich zu mir setzt. *„Muy bien"* findet er meine *„Excursions a peu."*. Das ist umso erstaunlicher, als der Durchschnittsspanier nicht unbedingt für seine Wanderlust bekannt ist. Tags drauf werde ich allerdings mein Bild korrigieren müssen. Ein Aushang vor der Kirche dokumentiert nicht nur die Existenz eines örtlichen Wanderclubs, sondern auch dessen Aktivitäten. Ach ja, habe ich schon erzählt, dass hier sehr viele Deutsche wohnen? Es waren einmal so viele, dass sie sogar eine *Europaschule* gründeten. Der gingen allerdings vor fünf Jahren erst die Schüler und dann die Mittel aus.

Kurz vor Sonnenuntergang kommt Leben in den Pfarrgarten. Die örtliche Gluckenrunde versammelt sich. Während der Wind Sprachfetzen zu mir weht, schaffen ihre Kurzen es auf zwei Beinen zu mir. Scheu

sind sie nicht. Das bleibt den Katzen vorbehalten, die sich nur in respektvoller Distanz an mir vorbei schleichen - bis auf eine hübsche Schwarze. Die schleicht vorsichtig um mich herum, mich nie aus den Augen lassend, immer wieder innehaltend, die rechte Pfote wie eingefroren. Ich schaue, lese, schaue und versuche, die Gleichgültigkeit in Person zu sein. Das scheint ihr zu gefallen. Leben und leben lassen. Eine Schlafsacklänge entfernt lässt sie sich im Gras nieder. Dabei spreizt sie ihre Vorderpfote elegant von sich und beginnt eine lange Meditation. Am nächsten Tag werde ich die Bekanntschaft eines Dutzends ihrer Kolleginnen machen. So viele Katzen auf einem Fleck habe ich in Spanien bislang nicht erlebt. So wenig Hunde aber auch nicht. Das wiederum erklärt das Katzenparadies. Das Gebell aus dem Tal nehmen sie gelassen.

Langsam verschwindet die Landschaft im Dunkel der Nacht. Der Parkplatz hinter der Kirche füllt sich, mit ihm Bar und Kaninchenverwertungsanstalt. Besonders beeindruckt mich ein holländisches Paar, das aus einem schwarz glänzenden Landrover aussteigt. Kein Staubkorn klebt an dem teuren Schlitten. Passend zum edlen Stinker sind sie festlich gekleidet. Er im Partnerlook mit seinem Auto, sie im Edelhippielook Marke *Paulas* mit weiten Pluderhosen.

Am nächsten Morgen schäle ich mich ungewöhnlich spät aus dem Biwaksack. Ich liege im Schatten der Mauer des Pfarrgartens. Da kommt mein Solarwecker erst gegen Mittag hin. Ich ziehe mit steifen Gliedern um auf die Sonnenseite der Kirche, wo zwei Bänke zum Verweilen einladen. Die Bauarbeiter sind schon längst fleißig. Vermutlich hat mich ihr Gehämmer geweckt. Während mich die die Sonne auftaut, schreibe ich meine täglichen Reisenotizen. Ich bin ja nicht zum Spaß hier. Als die ersten Touristen eintrudeln, mache ich mich auf den Weg zum Bergdorf Sant Josep de sa Talaia. Der Aufstieg offenbart noch einmal das bauliche Desaster unten in der Bucht. Wer begreifen will, was sich die kleine Insel mit dem Massentourismus angetan hat, der sollte hier her kommen. Für die Bebauung westlich von Sant Antoni ist man hier im Rathaus verantwortlich. Ob Korruption im Spiel ist, wird gerade untersucht.

Der Tourismus führte ab den 1960er Jahren zu einer Bevölkerungsexplosion. Während es bis dahin kein nennenswertes Bevölkerungswachstum gab, hat sich die Einwohnerzahl seit 1960 mehr als vervierfacht. Dies war anfangs durch den Zuzug von Arbeitskräften vom spanischen Festland und ab den 1990er Jahren überwiegend durch die starke Zuwanderung von westeuropäischen Residenten bedingt. Als Folge ist der Anteil der Einheimischen in den letzten Jahrzehnten zurückgegangen. Heute leben hier gerade einmal dreizehn Prozent. Auch wenn die größeren Orte Eivissa, Sant Antoni und Santa Eulària des Riu eine größere Bekanntheit haben, ist Sant Josep pro Einwohner die mit Abstand reichste Gemeinde Ibizas. Dies liegt einerseits an dem zu Sant Josep gehörenden Flughafen Ibiza. Andererseits haben sich die entlegenen Ecken der Gemeinde zu einem Anziehungspunkt der weltweiten Prominenz entwickelt. Einige bekannte Persönlichkeiten wie etwa Phil Collins und Mike Oldfield unterhalten in Sant Josep Sommer- und Urlaubsresidenzen, speziell in Es Cubells.

Selbst in der Vorsaison tanzt in Sant Josep der Bär. Erklären kann ich mir das nicht. Wer von Sant Augustí kommt, erlebt hier eine völlig andere Welt – nicht unbedingt eine Bessere. Mitten durch die Gemeinde schiebt sich der automobile Lindwurm nach Eivissa. Touristenbusse spuken Pauschaltouristen aus, die sich auf Kirche und Boutiquen stürzen, bald aber gelangweilt in den Bars hocken, denn es gibt nicht wirklich was zu sehen. Ein neues Einkaufszentrum will davon profitieren. Warum allerdings die Schaufenster zugemauert sind, wissen nur die örtlichen Schildbürger. Davor flaniert ein älterer Herr, der mich an einen ehemaligen Gießener Anwalt und Politiker erinnert. Er strahlt Würde, Autorität und Distanz aus – aber auch Nutzlosigkeit und Verlorenheit. Warum nur hat er den Gerichtssaal verlassen - zugunsten dieser Bussi-Gesellschaft, in der er so bedauernswert verloren erscheint?
Einzige Attraktion des Dorfes ist die Kirche. Davor versammelt sich gerade eine Reisegruppe, die vom Inselkanal medial begleitet wird. Riesige Apartmentblocks ergänzen das Dorfbild. Das sehe ich in seiner ganzen Pracht erst, als ich Sant Josep schon hinter mir gelassen habe. Schwermütig macht es mich nicht, das Dorf hinter mir zu lassen.

Südküste
Wo Villen in den Klippen hängen

Ich nehme auf einer kaum befahrenen Landstraße den nächsten Weg zur Küste. Sie führt mich durch endlose Pinienwälder Richtung Punta Porroig. Ab und zu taucht daraus der Kegel des Puig des Jondal auf. Vom Inselinneren sieht er harmlos aus, zum Meer hin fällt er jedoch in steilen Klippen ab. Ich lagere hoch über den Illetes de Porroig auf einem schmalen Streifen, wo die Pinien noch nicht durch Villen ersetzt wurden. Vor mir hängt es Cubells im Steilhang. Eine aberwitzige Serpentinenstraße führt zu dem winzigen Strand. Es Cubells ist eine der wenigen ursprünglichen Siedlungen auf Ibiza, die direkt am Meer liegen. Direkt am Meer bedeutet allerdings: hoch über der Steilküste, die das Dorf vor Piratenangriffen schützte. Hotelmonster blieben der Streusiedlung erspart, nicht aber die allgegenwärtigen Residentenvillen. Die Kirche - als privater Gebetsraum 1867 in Betrieb genommen – steht direkt an der Steilküste, ist aber von meinem Standort mit bloßem Auge nicht zu erkennen.

Mein Lager ist so ungemütlich wie das Wetter. Nur mit Mühe finde ich einen Platz, der weniger steinig und felsig ist als der Rest. Bis zum Abgrund sind es gefühlte Millimeter. Gegen den starken Wind finde ich kaum Schutz hinter einem Busch. Als die Nacht einbricht, funkeln die Villen mit den Sternen um die Wette. Später fängt es an zu regnen. Ich klappe den Regenschirm auf, binde ihn ums Handgelenk und versuche weiterzuschlafen. Im Rücken habe ich nach wenigen Metern den Abgrund des Torrent. Ich hatte schon heimeligere Nachtlager. Albträume plagen mich. In einem kommt Howard Carpendale vor, den ich aus den Klippen retten musste. Das ist insofern erstaunlich, als der Mann in meinem realen Leben nicht vorkommt - und ich und Klippen nicht gerade Duzfreunde sind. Was einem die Neuronen bieten, wenn man keine Kontrolle mehr über sie hat, ist immer wieder erstaunlich.

Ich wache in trübem, nasskaltem Novemberwetter auf. Auch das gibt es am winterlichen Mittelmeer. Wer dann keine Heizung hat, ist angeschmiert. Und davon gibt es mehr, als man zu glauben bereit ist. Später im Jahr – auf meiner Tour rund um Baden-Württemberg – werde ich ein Rentnerpaar kennenlernen, dass nach der Erfahrung nasskalter Winter und brüllendheiser Sommer den Traum vom Paradies auf der Nachbarinsel Mallorca aufgegeben hat. Wie sie ziehen viele wieder zurück. Urlaubserfahrungen und Mittelmeerrealität passen selten zusammen. Im Übrigen: den Garten Eden gibt es nirgendwo. Und die Annäherung nicht gratis. Wir müssen schon dran arbeiten, in dem wir uns ein soziales Umfeld schaffen, dass das Leben lebenswert macht. Und dann kann es auch Grönland sein.

Eigentlich wollte ich weiter nach es Cubells laufen, wo alle Wege enden, dann weiter zum Torre del Pirata, um die Felseninsel es Vedrà rückseitig zu besichtigen. Meine Stimmung ist nicht so. Ich will hier weg, will zum Cala d'en Bossa - so schnell, wie möglich. Ich gehe zurück bis zur Abzweigung nach es Jondal, wo mir eine Gruppe Mountainbiker entgegenkommt. Links und rechts hängen die üblichen Villen in den Hängen. Zurück auf der Straße nach Eivissa stelle ich fest, dass hier Rennen gefahren werden, die direkt am Vorzimmer der Hütten vorbeiführen. Wie halten die Leute das aus? Wie leidensfähig und zugleich robust doch der Mensch ist. Der größte balearische Supermarkt liegt auf meinem Weg. Gut sortiert komme ich an meinem Strand an. Die Lounge nebenan bläst mir ihren Sound in die Ohren. Wenigstens die Sonne geht still unter. Still ist es auch am Himmel. Immerhin lagere ich in der Einflugschneise. In der Süddeutschen steht, dass der Flugverkehr in Nordeuropa eingestellt wurde, weil auf Island ein Vulkan ausgebrochen ist.

Am nächsten Morgen entsteht schon sehr früh hektische Betriebsamkeit am Strand. Männer und Frauen in einheitlichen Shirts tragen Fähnchen, Gitter, Stühle und Kisten an den Strand neben der schicken Lounge. Später wird sich das Ganze als Strandball-Turnier der Gemeinde Sant Josep outen. Untermalt von Technomusik läuft die Veranstaltung, bis man die Hand nicht mehr vor den Augen sehen kann. Den ganzen Tag sind nur wenige Flugzeuge gelandet. Dass die von der großen Nachbarinsel und aus Valencia kamen, macht die Sache auch nicht besser. Ich mache mir langsam Sorgen, wie ich nach Hause kommen soll. Zu Fuß? Gegen Abend hört endlich der kalte Nordwind auf.

Ses Salines
Weißes Gold und Flamingobadewannen

Am nächsten Tag erkunde ich den Naturpark nebenan. Er beginnt gleich im Westen der Platja d'en Bossa. Im Mittelalter verdankte Ibiza den Salzfeldern *Ses Salines* einen gewissen Wohlstand. Hier fand in der zweiten Hälfte des 16. Jahrhunderts die industrielle Revolution auf der Insel statt. Das allerdings bedeutete kaum mehr als forcierte Salzgewinnung: ein paar Deiche wurden gebaut, Wege angelegt, Entwässerungskanäle gezogen. Und Arbeiter wurden verpflichtet, ein gutes Tausend – allerdings nur zur Salzernte.

Heute bilden sie den Kern des *Reserva Natural de ses Salines de Ibiza y Formentera*, durch den eine Landstraße nach Sant Francesc de s'Estany und zwei selbst in der Vorsaison gut besuchten Stränden führt - was nicht jedem Vogel Freude bereiten dürfte. Der Naturpark umfasst das Gebiet zwischen dem Süden von Ibiza und dem Norden von Formentera und hat eine Landfläche von etwa 1.800 Hektar und 14.000 Hektar Meer. In diesem Naturpark finden sich viele verschiedene Ökosysteme: Die Sümpfe der Salinen, die Strände, die Haine aus hundertjährigen Zedern, die Steilküsten und die felsigen Küstenzonen, die Lebensraum für Wanderfalke und Fischadler sind, und die Felseninselgruppe *Des Freus*. Auch der sandige Meeresboden vor der Südküste birgt mit dem Posidonia-Rasen einen natürlichen Schatz. Die weiten Seegraswiesen wurden aufgrund ihrer ökologischen Bedeutung von der UNESCO als Weltnaturerbe unter besonderen Schutz gestellt. Das Neptungras bietet zahlreichen seltenen Meeresbewohnern einen geschützten Lebensraum, mildert die Kraft der Wellen und erhöht die Wasserqualität.

Das Gebiet ist zugleich Europäisches Vogelschutzgebiet. Sogar Flamingos ziehen hier durch. Ihre Leibspeise – ein kleiner roter Krebs – mag es richtig salzig. Er färbt nicht nur die Salzfelder sondern auch die Flamingos rosa. Den nördlichen Teil des Gebiets dominieren andere Vögel. In der Hochsaison fliegen sie den *Aeroport des Codolar* im Minutentakt an. Dann bringen sie viele Partytouristen übers Wochenende auf die Insel, die sich später kaum erinnern können, wo sie denn eigentlich waren.

Die Salzfelder können sich auch nicht erinnern. Dinge können sich nur bei den Homöopathen erinnern - und dafür ist der ultimative Nachweis noch nicht erbracht. Wir aber uns ihrer Geschichte. Bereits die Karthager haben hier Salz gewonnen. Römer und Araber bauten die Anlage weiter aus. Sie brachten es auf 130 Becken und eine Fläche von 500 Hektar. Die Salinen waren bis ins 19. Jahrhundert Gemeineigentum (,Universida') und jeder Ibizenko war verpflichtet, zur Bewirtschaftung der Salzfelder beizutragen. Mit Kommunismus hatte das allerdings nichts zu tun. Zuvor hatte man Strafgefangenen die Arbeit überlassen, denn wirklich beliebt war sie nicht. Das Abernten der Felder war kein Vergnügen. Von oben brannte die Sonne, von unten fraß sich das Salz in den Körper. 1871 wurden die Salinen verkauft. Seitdem regiert hier der Kapitalismus.

Ich beginne meinen Ausflug am Punta de sa Mata, am südlichen Ende des Platja d'en Bossa. Vom Hügel gibt es einen exklusiven Blick auf den längsten Strand der Insel. Hier steht der Torre de sa Sal Rosa. Hierhin zogen sich die Salinenarbeiter bei Piratenangriffen zurück. In den kleinen Turm sollen bis zu zweihundert Leute gepasst haben. Platzangst durfte niemand von ihnen haben.

Der Wehrturm steht hier schon ein halbes Jahrtausend. Er war Teil eines Piratenfrühwarnsytems – einer Art mittelalterlicher Radar. Das Handy war noch nicht erfunden, das Feuer schon. Sichtete eine Turmbesatzung Korsarenschiffe, machte sie Feuer, das dann von Turm zu Turm wanderte und die Insulaner davor bewahrte, wie Cervantes als Maurensklave zu enden. Die Bevölkerung flüchtete in die Wehrkirchen, die bis heute zur Standardausrüstung jeder ibizenkischen Siedlung gehören. Vierzehn Türme des inselumspannenden Systems sind bis heute erhalten.

Die pinienbewaldete Hügelkette, zu der der Punta gehört, bringt es mit dem Puig de Baix auf stolze 160 Meter. Die einzige Ortschaft ist Sant Francesc de s'Estany, mit einer eigenen kleinen Kirche direkt an den Salzfeldern. Die Salzfelder selbst sind Tabuzone. Nur die Salinenarbeiter dürfen hier die Wege betreten.

Südlich davon sind die üblichen Villen in den Pinienhang getrieben. Die Stichstraße zum Strand ist stark befahren und auch für Wanderer die einzige Möglichkeit, zum Platja des Cavernet zu kommen. Im Sommer donnert hier der Verkehr über die einspurige Straße zum beliebten

Strand. Dort ist heute allerdings wenig los. Der Strand ist einer von zwei offiziellen Nacktbadeständen. Zu bewundern sind vor allem ältere braungebrannte Herren mit Luxuskörpern, gerne auch paarweise. Es ist das Mekka der Schwulen auf der Insel. Ich verfolge die Küstenlinie weiter zwischen kaum hüfthohen Wacholder- und Pinienbüschen. Erst am Punta de ses Poroes – wo der zweite Wachturm steht, treffe ich wieder auf Zweibeiner. Es ist eine Gruppe Jugendlicher, die mit ihrem klapprigen Fiat vorgefahren und nun dabei sind, einen nicht unbeträchtlichen Teil ihres Hausrates sowie Angelgerät und Feuerholz ausladen und zu den Fischerhütten vor dem Wachturm bringen. Früher soll hier der nunmehr vom Aussterben bedrohte Thunfisch gefangen worden sein.

Gegenüber liegt Formentera, in der Meerenge dazwischen die kleinen Inseln Des Freus – dahin drapiert wie Steinstufen für einen Riesen mit Siebenmeilenstiefeln, der trockenen Fußes zur kleinen Schwesterinsel will. Der Lärm weiterer Partygäste vertreibt mich. Der westliche Küstenabschnitt bietet Klippen für Arme - immer wieder unterbrochen durch kleine Sandbuchten. Dort liegen verschmuste Pärchen – gerne auch gleichgeschlechtlich. Ihre Ruhe will ich nicht stören. Ich gehe zurück zur Sandpiste. Hier im Inneren der Landspitze haben es die Büsche zu Bäumen geschafft. Am Platja de ses Salines ist deutlich mehr los obwohl der Strand weniger schön und die Aussicht auf die Verladestation der Salinen nur für Technikfreaks wirklich angenehm ist. Zur Station fahren zwei Laster im Wechsel. Während der eine aufgeladen wird, lädt der andere ab. In der Mitte treffen sie sich. Im Grunde ist es vorstellbar, dass die beiden Fahrer sich nie außerhalb ihrer Führerhäuser begegnet sind. Ich laufe weiter auf einem ungeteerten Weg zwischen dem Puig des Pantano und den Salzfeldern zum Platja des Codolar. Das Panorama reicht von es Vedra im Westen bis zu den Klippen von Salt d'en Serra im Osten. Das ist fast ein Drittel der Insel.

Zwei weiße Flecken fallen mir auf. Der vor mir am Puig d'en Fumeral zieht sich fast bis zur Bergspitze hinauf. Von dort oben begleitet mich das Hämmern der riesigen Meisels noch eine ganze Weile. Von irgendwoher muss das Baumaterial kommen. Am Ende der Piste steht ein Restaurant an einem nicht enden wollenden Kieselstrand. Der liegt zwischen Flughafen und Meer. Ich bin der einzige Strandläufer. Bis das Meer die Wacker zu feinem Sand zermahlen hat, kann ich nicht warten.

Also eiere ich zur gegenüberliegenden Seite, wo als erstes Lebewesen ein furchteinflößender Köter auf mich zu rennt. Sein Rudelführer schafft es in letzter Sekunde, die Bestie zurückzupfeifen. Das Vieh schnappt schon nach mir und zeigt wütend sein furchterregendes Gebiss. Die beiden kommen aus dem Plattenbau am Flughafen. Wer hier wohnt, lebt nicht auf der Sonnenseite. Eine ganze Weile laufe ich am Flughafen entlang. Auf der Landebahn könnte ich ein längeres Picknick veranstalten.

Ciutat d'Eivissa
Weltkulturerbe und Laufsteg Ibizas

Heute steht das Kontrastprogramm zum gestrigen Tag auf der Agenda: die *Ciutat d'Eivissa*. Ein Drittel der Inselbevölkerung lebt hier.

Zügig laufe ich Richtung Altstadt. Dabei komme ich am *Puig des Molins* (Mühlenhügel) vorbei. Er kommt relativ unspektakulär daher. Doch durch den Hügel zieht sich ein Labyrinth aus Grabkammern. Es sollen bis zu viertausend sein. Viele Karthager kamen zum Sterben auf die Insel, um in heiliger Erde begraben zu werden. Es ist daher die größte bekannte Nekropole aus karthagischer Zeit. Betreten kann man den Friedhof nur im Rudel. Ich verzichte, zumal Katakomben nicht mein Ding sind.

Karthager waren ein Stamm der Phönizier, der sich – aus dem heutigen Libanon und Syrien kommend - beim heutigen Tunis angesiedelt hatte Die Phönizier nannten sich selbst nie so, sondern nach den Städten, aus denen sie kamen – daher Karthager: die aus der neuen Stadt kommen. Im siebten Jahrhundert vor Christi Geburt wurde es einigen von ihnen dort langweilig. Go west! Unterwegs traf das Seefahrervolk auf die Balearen. Auf Ibiza gründeten sie eine Militärbasis und Handelsniederlassung. Neben der Salz- und Bleigewinnung entwickelten sie eine florierende Keramik-Industrie. Die hier gefertigten Tonkrüge und Gefäße wurden in viele Länder des Mittelmeers exportiert. Sie kamen ziemlich weit rum. Hannibal schaffte es sogar über die Alpen bis Rom: „*Hannibal ad portas*" (Hannibal [ist] bei den Toren). Genetiker haben herausgefunden, dass jeder siebzehnte Mittelmeeranwohner mit den Phöniziern verwandt ist. Hier auf Ibiza blieb es nicht bei der Genverwandtschaft. Architektur, Kunst und die Form alltäglicher Gegenstände blieben auf Ibiza karthagisch - teils, wie der Baustil, bis zum heutigen Tag. Selbst als die Römer 122 vor der Zeitenwende hier ankamen, behielt die Insel ihren karthagischen Namen *Ibosim*. Sie galt im Übrigen nicht als römische Kolonie, sondern als Bundesgenosse und wurde deshalb auch nicht, wie Majorica (die Große) und Minórica (die Kleine), römisch beeinflusst. Auch die Vandalen - jene Germanen mit dem miserabelsten Ruf aller antiken Völker, die im fünften Jahrhundert auf der Insel wüteten, weil die Römer sich Kriegsschiffe klauen ließen, konnten den

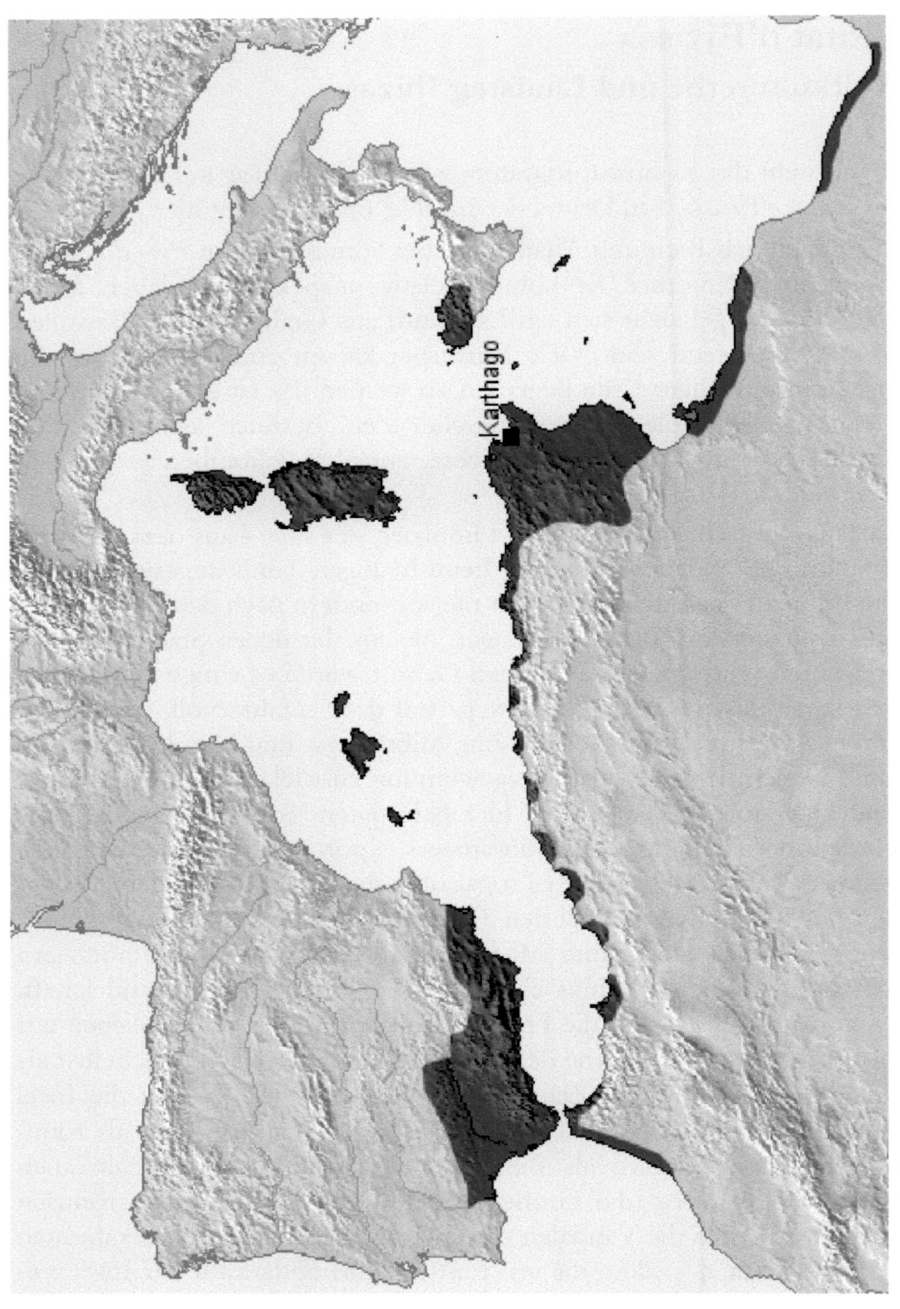

Karthago

karthagischen Einfluss nicht verwässern. Ohnehin wurden sie bald vom byzantinischen Feldherrn Belisar vertrieben.

Die *D'alt Vila* ist eher was für Bergsteiger - nichts jedenfalls für jemanden mit tonnenschwerem Gepäck auf dem Rücken. Die alles überragende Kathedrale liegt für mich schwer erreichbar auf dem höchsten Punkt der Oberstadt. Bereits die Römer haben hier einen Tempel hingestellt. Die Vandalen haben ihn stehen lassen - ohnehin waren sie nur an mobilen Wertsachen interessiert. Die Mauren nahmen das Angebot an Baumaterial dankbar an und ordneten die Steine zu einer Moschee. Das wiederum gefiel Jaume I. nicht, uns so lies er die Steine erneut umordnen. Es sollte nicht das letzte Mal gewesen sein. Von der ursprünglich gotischen Kathedrale – die Goten hatten mehr Glück als die Vandalen mit ihrem Nachruhm – sind nur Turm und Sakristeiportal erhalten. Heute zeigt sich die Kirche im Kleid des spanischen Barock.
Ich belasse es bei einer Stippvisite am *Portal Nou*, die ich auf einer endlosen Treppe bald abbreche. An der gewaltigen Stadtmauer entlang laufe ich durch das Hafenviertel *La Marina* zum Haupttor *Portal de ses Taules*. Die eingearbeitete Jahreszahl weist auf die Fertigstellung der Festungsmauer im Jahr 1585 hin. Rechts und links davon erinnern die Kopien römischer Skulpturen an die Anwesenheit der Weltmacht auf der Insel. Mehr ist von den Römern nicht geblieben.
Am Ende des Passeig des Moll steht gegenüber dem Schalter der Fährgesellschaft Balearia unübersehbar der zehn Meter hohe Obelisk, der dem ibizenkischen Nationalhelden Antonio Riquer Arabí und all den anderen ibizenkischen Korsaren gewidmet ist. Seit Jahrhunderten wurden die Balearen von Piraten überfallen. Irgendwann bekamen die Leute auf Ibiza selber Spaß an der Seeräuberei. Sie bauten kleine, flinke Segelschiffe, die sie in ihren zahlreichen Buchten versteckten, um harmlos vorbeifahrende Handelsschiffe zu überfallen. Nicht unwahrscheinlich, dass der nette Kellner, der ihnen gerade *Sofrit pagés* – den inseltypischen Eintopf mit Lamm, Huhn, Kartoffeln und viel Knoblauch – serviert, ein Nachfahre dieser Korsaren ist. Besonderen Wert wird er auf diesen Stammbaum nicht legen. Doch im Gegensatz zu Piraten waren die hiesigen Korsaren oft nur Teilzeitseeräuber, die den größten Teil des Jahres mit ihren Schiffen brav Handel trieben und dabei ihrerseits überfallen wurden. Den Unterschied machte der Enterbrief.

Das schlichte Monument für die ibizenkischen Korsaren vor mir wurde 1906 zum Gedenken an den Sieg über die *Felicity* errichtet. Mitte 1806, die Sonne war gerade erst aufgegangen, kreuzte das schwer bewaffnete englisches Kriegsschiff hier vor dem Hafen. Was der berühmt berüchtigte Kapitän Michele Novelli (,*El Papa*' - der Papst) hier zu suchen hatte, wird für Ewig sein Geheimnis bleiben. Einige sagten später, es sei pure Provokation gewesen, Übermut eines seit zehn Jahren Unbesiegten. Wirklich viel Sinn machte es jedenfalls nicht, vor der stark befestigten Inselhauptstadt herumzukreuzen.

Der tapfere Inselheld war damals noch kein Promi-Korsar. Dennoch gelang es ihm, eine Mannschaft zusammenzukratzen – seine war unvorteilhafterweise über die Insel verteilt - indem er Klinkenputzen ging. Seine knapp sechzig Leute machten die weit unterlegenere *San Antonio y Santa Isabel* startklar. Und danach geschah das Unfassbare: sie enterten die *Felicity* und setzten die Geißel des Mittelmeers fest. Nach dieser tollkühnen Nummer musste er sich um seinen Nachruhm keine Sorgen mehr machen.

Seine Nachfahren müssen sich ebenfalls keine Sorgen mehr machen. Zwei Jahrzehnte später war der Piratenspuk vorbei - mit der Schlacht von Navarino. Was aber noch wichtiger ist: Übers Meer kamen knapp einhundert Jahre später statt der Piraten und Korsaren die ersten Touristen. Die kehrten den Geldfluss um und begannen mit der bislang friedlichsten Eroberung der Insel. Als einer der Ersten besuchte der Schriftsteller und Maler Santiago Rusiñol Eivissa. Das war ein Jahr vor Beginn des ersten Weltkriegs. Ganz ohne es zu wollen, setzte er die Veränderung hin zur Urlaubsinsel ins Werk. Er erfand die ,*Weiße Insel*' als er sie 1913 besuchte und verewigte sich damit in den Urlaubskatalogen und Reiseführern. Weit hergeholt war das nicht. In allen nur denkbaren Schattierungen - cremeweiß, schwan- und möwenweiß, ja sogar schneeweiß - strahlten ihm die ibizenkischen Häuser entgegen. Ibiza leuchte in einem *„Weiß wie am ersten Tag, in einem Weiß, das den Schatten noch nicht kennt"*. Die Nummer war bei ihm zwanghaft. Davor hatte er bereits Mallorca zur ,goldenen' und Menorca zur ,blauen' Insel erklärt.

Von der Neurose des Dichters profitiert Eivissa bis heute. Er hat die Insel lange vor dem Massentourismus – geprägt durch austauschbare Destinationen - mit einem Identitätszeichen und Alleinstellungsmerkmal versehen. Hätte er sich das markenrechtlich eintragen lassen – seine Nachfahren wären Multimillionäre. Mindestens.

Schnell erkannte auch die Inselregierung das geldwerte Potential. Sie ordnete an, dass künftig alle Häuser weiß zu streichen seien. Das kam sehr viel später auch bei den Hippies gut an, die aus den grauen Städten der Adenauerära in den Süden flüchteten. Noch vor den Hippies entdeckten allerdings - kurz nach dem ersten Weltkrieg - die Engländer, dass es sich auf der Insel gut entspannen lässt. Das ist bis heute so geblieben. Nicht jeder freut sich darüber. Der Westen von Sant Antoni mutiert in der Hochsaison regelmäßig zur *No-go-Area* für Leute, die noch bei Verstand sind. Fast die Hälfte der Urlauber kommt von der Insel im Norden. Die Zeiten, in denen Ibiza ein Hippieparadies und Geheimtipp für Rucksackreisende war, sind jedoch lange vorbei. Mit über zwei Millionen Urlaubern im Jahr ist Eivissa zu einem Ziel des Massentourismus geworden.

Im Sommer wird Eivissa zur Metropole des Hedonismus. Exzentriker jeder Art bevölkern dann den unteren Teil von sa Penya. Die Calle de la Virgen ist der Schwulentreffpunkt der Insel. Die Unterstadt hat sich nach Westen ausgedehnt und bildet heute unterhalb der der Festungsmauern von D'alt Vila das Shoppingviertel La Marina. Im Vergleich zum Nachbarviertel glänzt es mit stattlichen Häusern und breiten Straßen. Hier kann man den typischen Ibizastil kaufen. Auch hier pulsiert am Abend das Leben – allerdings weniger schrill als in sa Penya. Am Placa d'Antoni Riquer beginnt mit dem *Zoo* – wer vor 22 Uhr auf den Barhockern vor der Szenebar sitzt, macht sich zum Affen, schreibt ein Reiseführer - die sogenannte *‚Meile'* oder auch *‚La Pista'* - der Laufsteg Ibizas.

Am Ende der Avinguda d'Espana steht bis heute das erste Hotel der Insel. Das Montesol *(‚Habitaciones en el corazón de la ciudad')* wurde 1933 eröffnet. Damit begann die noch kleine Tourismusindustrie. Anfangs nannte es sich Gran Hotel Ibiza. Den Titel beansprucht heute eine Betonburg am Sporthafen mit Premiumblick auf die Altstadt. Zwischen 1936 und 1945 wurde das Montesol von der Armee benutzt. Noch in

den fünfziger Jahren hielt es zirka ein Viertel der zur Verfügung stehenden Unterkünfte.

Am Hafen setze ich mich auf eine der vielen Bänke. Neben mir schläft ein Obdachloser seinen Rausch aus. Ein paar Bänke weiter sitzen braungebrannte Männer, die abwechselnd wild gestikulieren und Billigwein in sich hineinschütten. Vor mir füllt sich die Fähre nach Formentera. Der Kontrolleur spielt gelangweilt mit den Fahrkarten, die ihm die Reisenden übergeben. Er hat eine schmucke Uniform an, die ihn ausstaffiert, als empfange hier der Kapitän höchstpersönlich. Routiniert holt er die kleine Brücke ein und setzt ein Sicherheitsgitter vor die entstandene Lücke. Kaum ist er damit fertig, geht es schon los.

Für einen Inselkoller reicht die Vulkanattacke auf meine Reiseplanung nicht. Im Gegensatz zu mir hat Cees Noteboom hier vor mehr als einem Jahrhundert Bekanntschaft mit ihm gemacht: *„Es war mein letzter Aufenthalt auf Ibiza. Der niederländische Dichter Jan Jacob Slauerhoff, einer meiner literarischen Helden, hatte sich in den Dreißigerjahren dort aufgehalten, Walter Benjamin hatte über die Insel geschrieben, Ibiza war noch nicht der Touristenort, zu dem es sich inzwischen entwickelt hat, ich war dort einen langen Winter mit viel Regen und mediterraner Kälte glücklich und unglücklich gewesen, hatte anschließend einen wunderbaren Sommer verbracht, den Stoff für einen Roman gefunden (Inseln eignen sich gut dafür), doch jetzt war es Oktober und schon ein wenig herbstlich, die Stunde der Abreise war gekommen, auf einem der damals noch so schönen weißen Schiffe der Compañía Mediterránea. Ich hatte meine Koffer und mein Jackett mitsamt Pass bereits in meine Kajüte gebracht und von der Reling aus meinen Freunden gewinkt, die zurückgerufen hatten, es sei noch genug Zeit für einen Abschiedstrunk an Land. Ich war die Gangway wieder hinuntergegangen und stand mit ihnen am Kai, als ich plötzlich merkte, dass sich die hohe weiße Wand rechts von mir zu verschieben begann. Ganz kurz dachte ich noch, ich könne meinem Schicksal entgehen. Ich sah, wie die Strickleiter für den Lotsen heruntergelassen wurde; ich war noch überzeugt, ich könne mit ihrer Hilfe leicht an Bord klettern, doch das war ein Trugschluss. Langsam entfernte sich das Schiff vom Kai, und langsam sahen wir es aus dem Hafen entschwinden mitsamt meinen Koffern und Papieren. Damals fuhr nur ein Schiff pro Woche, das einzige Flugzeug an jenem Tag war bereits voll, wie es im Einzelnen ausging, weiß ich nicht mehr, nur, dass ich einige Tage später mein Gepäck und meine Papiere in Barcelona abholen konnte und seit diesem Vorfall weiß, was eine Insel ist. Es hat mich nicht daran gehindert, in der Folgezeit jedes Jahr viele Monate auf einer anderen Insel zu verbringen. Warum? Ich reise das* *ganze Jahr über sehr viel, in diesem Jahr zum Beispiel waren es Australien, Bali, Nordthailand. Es macht mir dann nichts aus, große Strecken im Auto zurückzulegen. Hier auf meiner Insel beträgt die weiteste Entfernung 44 Kilometer, von der Stadt im Osten bis zu der Stadt im Westen.*" Die Erzählbände *‚Absinth'* und *‚Ambre Solaire'* spielen teilweise auf Ibiza, ebenso sein Roman *‚Der Ritter ist gestorben'.*

Ich bleibe noch eine Weile am Hafen sitzen. Da nicht mehr Unterhaltung geboten wird und die weinseligen Typen nebenan immer lauter werden, wechsle ich die Straßenseite. Einer der wenigen Tabakverkäufer der Insel hat hier sein Geschäft. Wer nikotinsüchtig ist, hat auf der Insel nichts zu lachen, wenn er sich keine Vorräte anlegt. Automaten gibt es nicht. Zum nächsten lizenzierten Dealer muss man oft über die halbe Insel fahren – oder in meinem Fall laufen: Gesundheitspolitik auf balearische Art.

Im Tabakladen mit der Atmosphäre eines Juweliergeschäfts gibt es nicht nur Drogen sondern auch internationale Zeitungen. Mit Entsetzen lese ich, dass die Aschewolke des isländischen Vulkans Eyjafjallajökull den gesamten Flugverkehr in Europa lahmgelegt hat. Und wie komme ich jetzt zu meinem Heimatvulkan? Der ist seit einer geraumen Weile nicht mehr zickig. Nordwestwinde treiben den Feinstaub nach Mitteleuropa. Triebwerke sind dafür nicht ausgelegt. Mit Sondererlaubnis dürfen wenige Maschinen auf Sichtflughöhe fliegen, was wiederum die Piloten nicht lustig finden.

Forever Eivissa?
Im Bann des Eyjafjallajökull

Der nächste Tag beginnt mit einem erstklassigen Sonnenaufgang und einer unliebsamen Überraschung. Nach einem trödeligen Frühstück checke ich mein Flugticket. Eiskalt rinnt mir der Angstschweiß den Rücken runter. Mein Abflugtag ist heute, nicht morgen. Wäre ich nicht der Kontrollfreak, der ich bin, hätte das bös ins Auge gehen können. Ich muss meine Bordkarte noch ausdrucken und renne mit meinem tonnenschweren Gepäck auf dem Buckel in die Innenstadt, weil das spätestens fünf Stunden vor dem Flug möglich ist. Die ersten beiden Internetcafés sind geschlossen. Erst am Hafen habe ich Glück. Mein Flug ist gecancelt. Der irische Billigflieger bietet mir netterweise die kostenlose Umbuchung an. Mit vereinter Kraft gelingt es mir und den beiden Mädels vom Service, die Bordkarte korrekt auszudrucken. Ich werde vier Tage später fliegen – so Eyjafjallajökull es zulässt. Ich rufe zu Hause an und melde meine dezente Verspätung. Danach genieße ich entspannt den Rückweg über die Prachtstraße der Inselhauptstadt. In einem kleinen Park schaue ich den Fröschen beim Quaken zu. Später gehe ich jagen und sammeln. Als ich wieder in meinem eigenwilligen Hotel ankomme, ist es besetzt. Eine Großfamilie macht hier Party.

Ich lege mich in den Windschatten einer Miniaturdüne und mache ein Bier auf. Die Sonne geht unter. Ich habe fertig - ab nun gilt der Siestamodus. Der nächste Tag ist dafür allerdings wenig geeignet. Aber einem geschenkten Gaul schaut man nicht ins Maul. Dennoch: dieser Tag war verzichtbar. Der Dauerregen hört erst gegen Abend auf. Bis dahin vertreibe ich mir die Zeit, indem ich mit heran gewehtem Sand Dämme gegen den Minitsunami, der mein Lager bedroht. Das Wasser kommt in Zeitlupe auf mich zu, schlägt Blasen und durchfeuchtet meine Dämme. Ich lese zum dritten Mal meinen Precht, zunehmend angeheitert durch das ortsübliche Billigbier. Das wird am nächsten Tag zu dezenten Startschwierigkeiten führen. Es wird halb so wild. Sonne pur vertreibt meinen Kater. Vor meinem Hotel steht eine Kiste, in der man mehrere Leichen, aber auch Sonnenschirme unterbringen kann. Auf der sitzt, als ich die Augen aufmache, ein Rentner. Nackt. Und schaut hinaus auf das

Meer. Das tut er eine halbe Ewigkeit. Währenddessen versuche ich, in die Realität zurückzufinden. Das Mittel meiner Wahl ist dabei Koffein. Während ich den braunen Saft genussvoll in mich hinein schlürfe, bekomme ich Besuch - offensichtlich die Besitzerin der Bruchbude. Mit einer Engländerin im Schlepptau träumt sie von einer grandiosen Zukunft ihres Schuppens - als Märchenschloss mit Flamencoeinlagen. Es regnet zwar nicht, aber Strandwetter ist das auch nicht. Ich laufe Richtung Figueretes. Langsam kommt Leben in die Bude. Souvenirläden und Supermärkte werden eingeräumt, Rezeptionisten empfangen die ersten Gäste der Saison. In den Bars sitzen junge Engländer und trinken das erste Pint des Tages. Vor mir stöckelt eine hübsche Schwarzhaarige in lackroten Mörderheels. Ihren schwarzen, enganliegenden Overall ziert ein Hüftgürtel im gleichen Farbton. Ihr Freund trottet lustlos neben ihr her. Das alles ist nicht wirklich interessant. Ich drehe um und laufe zum Flughafen. Schließlich steht die spannende Frage im Raum, wie mein Freund Eyjafjallajökull so drauf ist. Die Dame von Ryanair verspricht mir, dass ich morgen abfliegen werde.

Auf dem Rückweg verstopft eine Prozession in Sant Jordi die Hauptstraße. Bunte Trachten, Pferdegespanne, Kastagnettengeklapper – die Prozession bewegt sich im Schneckentempo auf die buntbewimpelte Kirche zu. Am Ende des Zuges laufen die Honoratioren. Neben dem Feuerwehrhauptmann in Sonntagsuniform läuft ein Greis in der alten jägergrünen Uniform der Guardia Civil. Ich meine die aus der faschistischen Franco-Ära. Was wäre in Deutschland los, jemand liefe in schwarzer SS-Uniform durch die Gassen? Spanien ist immer noch zweigeteilt. Argwöhnisch belauern sich die Lager. Eine Aufbereitung der Verbrechen des Franco-Regimes findet kaum statt. Bis heute steht über den Eingängen der Paramilitärs *„Für Ehre, Gott und Vaterland"* unter Krone, Schwert und Fasces. Benito Mussolini wollte an Ruhm und Glanz des Römischen Weltreiches anknüpfen und wählte für seine politische Bewegung das Zeichen der Liktoren aus. Mussolini selbst erklärte dazu später der Faschismus fordere: *„Disziplin und eine Autorität, die in die Geister eindringt und darin unumstritten herrscht. Sein Wahrzeichen ist daher das Liktorenbündel, das Symbol der Einheit, der Kraft und der Gerechtigkeit"*. Ab dem 30. Dezember 1926 wurden die *fasces* Teil des königlichen, italienischen Wappens. Das Beil stand als Symbol für die Todesstrafe, die von

den Amtsträgern angeordnet werden konnte. Der Wahlspruch der Guardia Civil ist *El honor es mi divisa* („Ehre ist meine Devise").

Die Beamten trugen von Dreispitzen abgeleitete auffällige Kopfbedeckungen, genannt Tricornio, bestehend aus einem Kegelstumpf, am Hinterkopf eine trapezförmige Platte, seitlichen Versteifungen, das Ganze mit schwarzer Lackfolie überzogen. In künstlerischen, dissidentischen und kriminellen Kreisen nannte man die Guardia Civil wegen dieser unverwechselbaren Silhouette auch *la mala sombra* (der böse Schatten). Die Guardia Civil ist bis heute eine paramilitärisch ausgerichtete Polizeieinheit. Unter Franco wurde sie als Repressionsinstrument gegen politisch Andersdenkende genutzt. Im Allgemeinen war sie für das Regime das Instrument, um der Landbevölkerung Präsenz und Stärke zu demonstrieren. Das ist bis heute geblieben. Auf meinen Wanderungen über die Nachbarinsel begegnete ich den Rangeroverstreifen mindestens einmal täglich. Auf Ibiza sind sie kaum präsent.

Die Insel schenkte mir eine unvergessliche Auszeit denke ich, als ich endlich in das Flugzeug steige, um ,*back to the grindstone'* zu fliegen. Für mich beginnt jetzt die einsame Zeit vor dem Computer. Ich werde zurückkommen. - trotz der Verbauung. Das verspreche ich mir, während unter mir die Balearen im Sonnenuntergang erglühen. In meiner osthessischen Heimat angekommen denke ich ein weiteres Mal:

„Ei dit it mei wäääihhh!"

Für die Unersättlichen

Stephen Armstrong: The White Island. The Wild Time in Ibiza.
Survival Books (2007)

Klaus Barski: Exil Ibiza.
Kriminalroman.
Edition Treves (3. Auflage 2009).

Walter Benjamin: Ibizenkische Folge
In: Gesammelte Schriften - IV: Kleine Prosa. Baudelaire-
Übertragungen. 2 Teilbände. Suhrkamp-Verlag.
Des Weiteren schrieb er auf Ibiza Reiseerzählungen wie *Die Fahrt der
Mascotte, Das Taschentuch, Der Reiseabend* oder *Die Kaktushecke. Spanien
1932, In der Sonne, Ibizenkische Folge* entstanden aus den Reflexionen Ben-
jamins zur Kunst des Erzählens.

Burkhard Driest: Sommernachtsmord.
Der Kriminalroman spielt auf Ibiza.
Langen/Müller (2009).

Rolf Goetz: Ibiza und Formentera - Die schönsten Tal- und Höhen-
wanderungen. Rother Wanderführer (2005).

**Cloe Grimshaw, Ingrid Rasmussen (Photographin), Ursula Held
(Übersetzerin):** Ibiza – Lifestyle in Farbe und Licht.
Knesebeck (2008)

Wolfhard Klein: Flughafen Ibiza. Kriminalroman.
Edition Treves (2004)

Kompass-Wanderkarte ,Ibiza/Formentera' – Mit Stadtplänen, Kurz-
reiseführer und Radrouten. GPS-geeignet (2009).

Daniel Krasa/Dr. Hans-R. Grundmann: Ibiza und Formentera.
Reise Know-How Verlag (2009)

Hans Losse: Sunflower Guide Ibiza & Formentera
Sunflower Guides (2007).

Rolf Hürthen: 37 Wanderungen über die Insel.
(www.ibizawandern.de)

Cees Noteboom: Die Erzählbände "Absinth" und "Ambre Solaire"
spielen teilweise auf Ibiza, ebenso wie sein Roman "Der Ritter ist gestorben".

Richard David Precht: Wer bin ich und wenn ja, wie viele? Eine phi-
losophische Reise. Goldmann Verlag (2007). Meine Reiselektüre.
„Wenn Sie dieses Buch lesen, haben Sie den ersten Schritt auf dem Weg
zum Glück schon getan." (Elke Heidenreich)

Ulrich Schnabel: Muße: Vom Glück des Nichtstuns.
Karl Blessing Verlag (2010)

Skip Stone: Hippies from A to Z – Their Sex, Drugs, Music and Im-
pact Upon Society From the Sixties to the Present. (1999). "My book is
sold out. So I now offer it FREE to the people! Enjoy. Peace NOW!"
www.hipplanet.com/books/atoz/atoz.htm

Michael G. Symolka: Hippie-Lexikon (Das ABC der Flower-
Power-Ära). Imprint Verlag.

Thomas Schröder: Ibiza und Formentera.
Michael Müller Verlag (2011).

Vicente Valero: Der Erzähler.
Walter Benjamin auf Ibiza, 1932 und 1933.
Parthas Verlag

Fotonachweis

Sofern nicht abweichend dokumentiert, liegt das Urheberrecht beim Autor Guido Block-Künzler.

Titelbild: Cala Nova bei Es Canar (Santa Eulária des Riu (von der Redaktion der GEO-Reisecommunity www.geo-reisecommunity.de ausgewählt als ‚typisch Ibiza')

In eigener Sache

Ich weiß, dass bei meinem Humor viele nicht mitkommen.
Heinz Strunk („Fleisch ist mein Gemüse")

Ein Reisebericht ist immer subjektiv – so die wichtigste Spielregel des Genres. Ob der Leser die Sichtweise des Autors teilt, ist seine Sache. Er sollte jedoch Reiseberichte nicht mit Lobpreisungen verwechseln. Der Reiseberichtsautor ist kein Angestellter der örtlichen Tourismusbüros.

Ansonsten gilt: Alle in diesem Buch enthaltenen Angaben wurden von mir nach bestem Wissen erstellt. Gleichwohl sind inhaltliche Fehler nicht auszuschließen. Korrekturhinweise und Anregungen greife ich gerne in der nächsten Auflage auf.

Meine Adresse:
Edition Block-Künzler Outdoor-Reiseberichte
Kerkrader Straße 9, D-35394 Gießen
admin@outdoor-reiseberichte.info
www.outdoor-reiseberichte.info

Buchvorschau

Einmal Los Ajaches und zurück
Zu Fuß rund um Lanzarote
(voraussichtlicher Erscheinungstermin: 2011)

Einmal Heidelberg und zurück
Mit dem Rad rund um Baden-Württemberg
(voraussichtlicher Erscheinungstermin: 2011)

Einmal Palma und zurück
Zu Fuß rund um Mallorca
(voraussichtlicher Erscheinungstermin: 2010)

Einmal Schlitz und zurück
Mit dem Rad rund um Hessen
(voraussichtlicher Erscheinungstermin: 2011)

Einmal Corralejo und zurück
Zu Fuß rund um Fuerteventura
(voraussichtlicher Erscheinungstermin: 2011)

Einmal Müritz und zurück
Mit dem Kanu rund um Mecklenburg-Vorpommern
(voraussichtlicher Erscheinungstermin: 2012)

Einmal Larnaca und zurück
Zu Fuß rund um Zypern
(voraussichtlicher Erscheinungstermin: 2012)

Bereits erschienen:
Einmal Aachen und zurück
Mit dem Rad rund um Nordrhein-Westfahlen

Bestellbar über den Internetbuchhandel oder Ihren Buchhändler vor Ort. Gerne benachrichtige ich Sie auch, wenn Sie über den Erscheinungstermin informiert werden wollen. Aktuelle Infos finden Sie auf

www.outdoor-reiseberichte.info